OnTour

Buch – Hörbuch – Website

Mit freundlichen Grüßen

Überreicht von:

Kontakt:
Hans-Georg Orthlauf-Blooß
Referat Berufs– und Arbeitswelt
im Bistum Mainz
Regionalstelle Mainz
Weihergartenstraße 22
55116 Mainz
Tel. 06131/253-864
Fax 06131/253-866
Mail bss.mainz@bistum-mainz.de
Web arbeitswelt@bistum-mainz.de

Das OnTour-Team (v.l.n.r.): Norbert Jungkunz (Bamberg), Hans Gilg (Augsburg), Hans-Georg Orthlauf-Blooß (Mainz), Karl-Heinz Teepe (Freiburg), Bernhard Renz (Karlsruhe), Josef Krebs (Heilbronn).

Wofür ist dieses Buch?

„Ohne uns geht nichts, da steht alles still und die Supermärkte sind schnell leer", hören wir immer wieder von Fahrerinnen und Fahrern. Viele von Euch lieben ihre Arbeit, Ihr seid stolz auf Eure Fahrzeuge und auf das, was ihr für uns alle leistet. Ihr seid die wichtigsten Versorger in unserem Land, doch an Wertschätzung für Eure Leistung herrscht großer Mangel. Deshalb wollen wir mit diesem Handbuch ein kleines Zeichen des Dankes setzen.

Wir sind katholische Seelsorger, die sich in der **Kirche für Fernfahrer** zusammengeschlossen haben. Auf Rasthöfen, bei Truckertreffen oder beim Fernfahrerstammtisch hören wir, was Euch ärgert, freut, was Euch Sorgen macht oder Euch sehr nahe geht. Das Buch ist gedacht zum Durchblättern, wenn Ihr Pause macht oder wieder einmal warten müsst. Vielleicht bleibt Ihr an einem Text, einem Gedanken oder einem Wort hängen, weil das genau für diesen Tag oder auf Eure Situation passt. Die Seiten sollen als Tankstelle zur Information, zur Orientierung, zur Ermutigung und zur Begleitung dienen. Wer zu müde ist zum Lesen, kann gern in die beigelegte CD hineinhören und wieder Kraft tanken für die Seele.

Wir wünschen Euch gute Fahrt und kommt immer wieder gesund nach Hause. Gottes Segen begleite Euch.

Euer OnTour-Team

Bundeskommission
der Katholischen Betriebsseelsorge

On Tour

Mit einem Grußwort
des Vorsitzenden der Deutschen Bischofskonferenz,
Kardinal Reinhard Marx

Grußwort

DEUTSCHE BISCHOFSKONFERENZ

Herzlich grüße ich Sie, liebe Fernfahrerin, lieber Fernfahrer, die Sie die Fahrerbibel nun in der Hand halten!

Wie Sie bin ich viel unterwegs auf den Straßen in Deutschland und Europa. Dann sehe ich Sie hinter dem Lenkrad, oft in langen Kolonnen, Stoßstange an Stoßstange im Stau, manchmal auch in einen Unfall verwickelt oder auf Rastplätzen nach einem Parkplatz suchend. Und dann denke ich an den Zeit- und Kostendruck, unter dem Sie oft stehen, und an die Herausforderungen Ihres Berufes.

Sie tragen eine hohe Verantwortung für Ihr Unternehmen und die Fracht, die Sie transportieren. Sie müssen auf sich und die anderen Verkehrsteilnehmer achten, damit es nicht zu Unfällen kommt. Sie fahren oft in der Nacht und bleiben auch auf den Rastplätzen noch wachsam. Sie sorgen sich um Ihre Familien und Angehörigen, zu denen Sie heil und gesund zurückkehren wollen. Sie versorgen die Städte und das Land mit vielen Waren des täglichen Bedarfs.

Diese Fahrerbibel OnTour möchte Sie auf Ihren Fahrten begleiten. Auch die Bibel erzählt von Menschen, die unterwegs sind. Sie erzählt von ihren Wünschen nach Schutz und Geborgenheit und von ihrer Sehnsucht, gut ans Ziel zu kommen. Die Bibel ist auch so etwas wie ein Navi. Sie gibt Orientierung, wo man den Durchblick verliert. Sie tröstet, wenn etwas Schreckliches passiert. Sie spricht Wertschätzung und Achtung gerade den Menschen aus, die nicht auf der Überholspur unterwegs sind. Beim Lesen der Bibel werden Sie selbst noch viel mehr entdecken!

Ich wünsche Ihnen gute Fahrt und Gottes Segen.
Ihr

Reinhard Kardinal Marx

Inhaltsverzeichnis

Das Fernfahrerkreuz – ein starkes Zeichen der Verbundenheit

Ein Fahrer hat in sein Kreuz die Initialen der Namen seiner Frau und seiner Kinder eingeritzt. So hat er seine Lieben immer bei sich. Die Sehnsucht nach seiner Familie und der Wunsch, von den langen Touren gut nach Hause zu kommen, fährt mit. Das Kreuz, das christliche Symbol für Leben, ist sein Begleiter.

Es wird Fahrerinnen und Fahrern von der „Kirche für Fernfahrer" überreicht. Es wurde gesegnet zum Zeichen von Schutz und Segen. Hergestellt wird jedes Kreuz von Menschen mit Handicap in beschützenden Werkstätten.

Sich auf den Weg machen

Sich auf den Weg machen,
auch wenn das Ziel hinter
den Bäumen verschwindet.

Den unteren Weg gehen,
damit auch die Schwachen
wieder Schritt halten können.

Neue Wege gehen, auch wenn
mancher Wegbegleiter
seine Gefolgschaft verweigert.

Seinen eigenen Weg gehen,
weil dem, der auf Gott vertraut,
alle Wege offen stehen.

Pater Gerhard Eberts

„Vier Tage lang kriege ich hier die Wertschätzung, die ich das ganze Jahr vermisse"

Namen wie „Black Warrior" (Schwarzer Krieger), „Kein Engel", „King of the Road" stehen auf den Lkws beim Truckertreffen auf dem Rasthof Geiselwind. Martialisch und mächtig treten die einen auf, andere haben ihre Fahrzeuge mit wunderschönen Airbrush-Bildern verziert. Selbst der Engel Aloisius, der „Münchner im Himmel", ist auf einer Fahrerkabine verewigt. Fahrer und Fans gehen über den Platz, fotografieren und staunen. Es wird viel gefeiert an diesem verlängerten Wochenende. Dass die Fahrer stolz sind auf ihre Trucks, das sieht man ihnen regelrecht an. „Vier Tage lang kriege ich hier die Wertschätzung, die ich das ganze Jahr vermisse", erzählt mir Christoph, „und glaube mir", fügt er hinzu, „ich sauge mich richtig voll damit". Viele Fahrer kommen an unseren „Kirche für Fernfahrer"-Sattelschlepper und erzählen ganz Ähnliches: Die Parkplatzsituation wird immer schwieriger, viele bezeichnen ihre Arbeit als „Kampf auf der Straße", die öden Wochenenden auf irgendwelchen europäischen Rasthöfen zerstören Beziehungen und Familien, Druck und Stress machen die Fahrer krank.

Uns ist klar: Der Arbeitsplatz „Straße" braucht viele Veränderungen, die von Politik, Gewerkschaften und Speditionen umgesetzt werden müssen. Aber Kleinigkeiten können wir selbst beisteuern: Den Paketfahrer mal fragen, wann er denn heute Feierabend hat, gelassen bleiben, wenn mich ein Brummi wieder mal ausbremst, partnerschaftlich mit Lkw-Fahrern umgehen. Das kann alles schon mithelfen, dass aus vier Tagen „Wertschätzung" viel mehr werden und irgendwann der Satz stimmt: „Hier fährt ein Mensch."

Meine Kollegen und ich stehen an unserem Stand „Fernfahrerseelsorge“. Großteils eine Männerwelt hier auf dem Rasthof. Es ist auch noch etwas zu spüren vom Stolz der Fahrer inmitten ihrer getunten und polierten Trucks. Durch Airbrush sind die Zugmaschinen und Auflieger mit gigantisch schönen Bildern individuell gestaltet und viele Fahrerkabinen gleichen kleinen Wohnzimmern (was sie für viele auch geworden sind).

Irgendwann am Nachmittag schlägt der kleine sechsjährige Tobias mit seiner zwölfjährigen Schwester Miriam (Namen sind geändert) bei uns auf – und erzählt. Sein Papa ist Fahrer und seine Mama auch. Seine Mama fährt immer nachts und er darf dann in der Kabine des Lkw schlafen. Er findet das cool, auch wenn er manchmal nicht gut schlafen kann. Den Papa sieht er nur am Wochenende (und da ist er oft müde), denn der fährt quasi die Tagschicht. Miriam ergänzt, dass sie schon kurz nach 6.00 Uhr aus dem Haus geht und um 6.30 Uhr eine Stunde lang mit dem Schulbus zum nächsten Gymnasium fährt (irgendwo in der tiefen Oberpfalz).

Betroffen stehen wir vor den Kindern, als die Eltern – Sybille und Georg – dazukommen. Sie haben sich als Fahrerin und Fahrer selbstständig gemacht und verleihen sich an Speditionen, wenn dort Engpässe entstehen oder Fahrer durch Krankheit länger ausfallen. „Mich regt das langsam auf“, meint Georg nachdenklich: „Meine Frau fährt eigentlich noch ganz gern. Heuer im Herbst kommt der Tobias in die Schule. Wie das dann funktionieren wird, weiß ich noch nicht. Aber wir müssen zu zweit arbeiten, als Fahrer verdienst du zu wenig.“

Hans Gilg

„Der Lkw vor Dir … “

Manchmal ist noch etwas zu spüren von Fernfahrerromantik, manchmal sind sie noch die „Kings oder Queens of the road“, wie beim jährlichen Truckerfestival am Rasthof Geiselwind.

Ich bin selbst immer wieder beeindruckt von den aufgemotzten Fahrzeugen, bemalt von vorne bis hinten und selbst die Reifen werden eingesprüht und poliert. Eine gewisse Leichtigkeit liegt auf dem Platz, eine Leichtigkeit, die nur an diesen wenigen Tagen um Pfingsten zu spüren ist. Die andere Seite erfahren wir Betriebsseelsorger bei Gesprächen an unserem Stand oder wenn wir einmal im Monat am Rasthof draußen beim Fernfahrerstammtisch sind. Dort erzählt Wilfried: „Was bin ich als Fahrer schon wert? Die Autofahrer regen sich auf, weil sie hinter mir herkriechen müssen, immer wieder werde ich beschimpft.“ Und Mike wirft ein, dass der Disponent ständig Druck macht, weil die nächste Fracht schon wartet.

Was bin ich als Fahrer schon wert? Alles!

Abends beginnt dann der große Kampf um die zu wenigen Parkplätze auf den Rasthöfen. „Fahre ich zu früh raus, regt sich mein Chef auf, und komme ich zu spät auf den Rasthof, ist nichts mehr frei. Dann stehe ich irgendwo im Gewerbegebiet ohne Toiletten und Waschmöglichkeit und muss noch Angst haben, dass mir die Karre unterm Hintern weggeklaut wird." Und – die vielen einsamen Stunden, die Sorgen um die Lieben zu Hause, die zerbrochenen Partnerschaften, die angeschlagene Gesundheit. Alltägliche Fahrersituationen, die mich betroffen und oft wütend machen.

Wenn ich in den Begegnungen den Wert ihrer Arbeit aufzeige, wie vieles in unserem Land ohne Fahrerinnen und Fahrer zum Erliegen kommt, wird es still in der Runde. Mancher Stolz ist auf den Gesichtern zu sehen. Ein Stolz, der viel zu selten sichtbar wird, weil ihnen so etwas nie jemand sagt. Einer hat genau diese Botschaft auf dem Heck seines Aufliegers stehen: „Reg' dich nicht über mich auf, ich sorge dafür, dass Du morgen etwas zu essen hast."

Hans Gilg

Du bist mehr wert

Gar nicht so einfach,
Gold zu finden:
Den Buckel krumm machen,
das Kleine sehen,
echt von falsch unterscheiden.
Gott hat sich auch ganz
bescheiden gemacht.
Und er will Dir sagen:
Ich habe Dich eingeschrieben
in meine Hände,
denn
Du bist mehr wert
als alles Gold der Erde

Grußwort beim Streik im Nahverkehr 2014

Gerade hat mir einer von Euch – so in einem Nebensatz – gesagt: „... und dabei soll ich immer sehr freundlich sein?"
Ja, das sollt Ihr.
Ihr habt enorme Belastungen durch die sehr flexiblen Schichtpläne und den Stress auf der Straße – aber Ihr sollt trotzdem sehr freundlich sein.
Ihr müsst manchen Fahrgast aushalten, der Euch als Ventil benutzt, um irgendeinen Ärger loszuwerden, aber trotzdem soll Ihr sehr freundlich sein.
Ihr sollt am besten nichts kosten – von wegen Tariferhöhungen –, „die verdienen doch schon genug, das muss doch irgendwann reichen", aber trotzdem sollt ihr sehr freundlich sein.
Heute aber seid Ihr mal freundlich zu Euch.
Heute zeigt Ihr uns, welchen Wert Ihr habt und der ist immens hoch, denn über jedem Eurer Arbeitsplätze muss groß stehen: „Hier arbeitet, hier fährt ein Mensch" – und darunter kann man ruhig noch schreiben: „Und dieser Mensch ist mehr wert als alles Gold, alles Geld und Kapital dieser Erde."
Ein Wort noch zu uns Fahrgästen: Mehr als 360 Tage im Jahr sind diese Menschen für uns da – Tag und Nacht. Dann werden wir es doch wohl aushalten, wenn sie ein paar wenige Tage für sich kämpfen, denn das ist ihr gutes Recht in diesem Land.

Hans Gilg

Mensch zu werden, war sein Sinn

Ein Mensch …

um wirklich Mensch zu bleiben,
lernt fließend rechnen und das Schreiben.
Er findet Geld und Reichtum toll,
damit stopft er sich die Taschen voll.

Um hochzukommen zu mehr Ehre,
macht er schnellstens Karriere.
Und er hetzt weiter, voll Elan,
was gehen mich denn die Andern an?

Er giert und strebet frei am Markt,
nun droht ihm schon der Herzinfarkt.
fit hält er sich mit Schnaps und Pillen,
um täglich sein Soll zu füllen.

Er funktioniert im Wettbewerb
und setzt sich durch – knallhart und derb.
Rücksicht und Liebe kennt er nicht,
verlor sein menschliches Gesicht.

So, mitten in der Sonntagsschicht,
da hat es ihn dann doch erwischt.

Mensch zu werden, war sein Sinn,
doch leider ging's woanders hin.

Fazit: Warnung vor Gier, Karriere,
Geld und Ehre!

Erwin Helmer

Im Sabbatjahr

Eines Tages wunderten sich die Nachbarn der frechen Profetin sehr. Auf ihrem Türschild stand die Aufschrift: „Bin gerade im Sabbatjahr. Im 7. Jahre sollst du ruhen." „Was soll das schon wieder bedeuten?" „Wahrscheinlich ist sie aus ihrer Firma geflogen." „Die landet noch im Bezirkskrankenhaus", unkten die Leute. Unterdessen verkaufte sie ihr Auto und brachte ihr Fahrrad neu in Schwung. Sie kaufte sich gute Schuhe und legte alle Wege ökologisch und ohne Energievergeudung zurück. Sie machte ihre Wohnung „sauber", was soviel wie umweltfreundlich und alternativ hieß: Von der Energiesparlampe bis zur Solaranlage, vom Essigreiniger bis zur biologischen Ernährung, vom giftfreien Einkauf bis zum optimalen Recycling – alles, was möglich schien, stellte sie in ihrem Leben auf Umweltschutz ein. Auch ihre innere Ökologie versuchte sie, in Ordnung zu bringen. Jeden Tag verbrachte sie wenigstens eine Stunde mit Gebet, Meditation und Gottesdienst. Sie besuchte alte Bekannte und hatte Zeit für jeden. Sie informierte sich über verschiedene Menschenrechtsgruppen und schmiedete Pläne und Ideen für die Zukunft. Und – sie machte für ein Jahr ihren Arbeitsplatz frei, so dass ein Arbeitsloser eine neue Chance bekam. Fast zu schnell verging das Jahr. Doch dieses eine Jahr prägte ihr gesamtes Leben 1000-mal mehr als 30 vorhergehende Jahre und sie sagte: „Ja, so ein Sabbatjahr ist eine tolle Sache. Ich habe gelernt und erfahren: Die Welt ist im Grunde gut. Man muss nur den Blick dafür bekommen und das braucht Zeit. Auch Gott nahm sich am siebten Tag Zeit und sprach: Es ist sehr gut."

Erwin Helmer

Finsternis hat die Chance, hell zu werden.

Seilversichert

Wenn in einer Beschreibung steht, eine Stelle ist seilversichert, dann handelt es sich weder um einen besonderen Arbeitsplatz noch um eine neue Art der Versicherung – sondern um die Beschreibung eines Wanderwegs.

Seilversichert.
Das sind in erster Linie Wege in den Bergen, an Steilhängen, abschüssigen Stellen, an Wegabschnitten, die eine gewisse Hilfestellung nötig machen, die manchen auch Angst oder ängstlich machen.

Seilversichert.
Eine Art Achtungszeichen: Hier ist deine ganze Aufmerksamkeit, dein Können, deine Vorsicht als Bergsteigerin oder Bergsteiger gefordert.

Seilversichert.
Erfahrene und engagierte Bergsteiger haben hier den Weg besser, gangbarer gemacht, haben ihre Zeit, ihr Können, ihr Material eingesetzt, damit andere besser und mit mehr Freude und Sicherheit auf bergigen, ausgesetzten Wegen unterwegs sind.

Diese Seilversicherungen haben mich an Arbeitswelt und Gesellschaft erinnert: Dort werden Sicherungssysteme eher abgebaut anstatt befestigt: Zunahme von prekärer Arbeit, Verdrängung von Flächentarifen, Rückgang von Normalarbeitsverhältnissen, weniger Leistungen der Kranken- und Sozialkassen – um nur einige Beispiele zu nennen. Anstatt an gefährlichen Stellen des Lebens Halteseile, Trittstufen oder Brücken einzubauen, werden Menschen sich selbst überlassen. Wer abstürzt, ist selber schuld – hätte er besser aufgepasst oder Vorsorge getroffen.
In Zeiten von Krisen, Kurzarbeit und drohender Arbeitslosigkeit bräuchten wir mehr „Seilversicherungen" denn je. Eine solche Seilsicherung ist für mich die Arbeit und Aufgabe von Betriebsräten: Diese übernehmen Verantwortung für Kolleginnen und Kollegen, versuchen im Betrieb, Recht einzuhalten und Gerechtigkeit einzufordern, sind oft der Rettungsanker für Kolleginnen und Kollegen, die nicht mehr wissen, wie es weitergehen soll – beruflich oder privat. Deshalb sind Betriebsräte einfach unentbehrlich!

Martina Berndt-Hoffmann

Manchmal wird's eng im Leben,
wenn Dein Geld am Ende des Monats wieder nicht reicht,
wenn Du als Leiharbeiter Dein Selbstwertgefühl verlierst,
wenn Du als engagierte Betriebsrätin schikaniert wirst,
wenn Dein Arbeitsplatz „wegoptimiert" wird,
wenn Du die 87. Bewerbung gar nicht mehr wegschicken willst.

Manchmal wird's eng im Leben,
wenn das Warten auf die Diagnose des Arztes nicht mehr auszuhalten ist,
wenn eine Beziehung zerbricht,
wenn Konflikte die freundlichen Worte sterben lassen,
wenn Einsamkeit an der Seele nagt,
wenn Angst Dein Ratgeber wird.

Manchmal wird's eng. Der Schreiber von Psalm 18 darf noch von einer anderen Erfahrung erzählen: „Er führte mich hinaus ins Weite (...) mein Gott macht meine Finsternis hell." Das ist leicht mal so dahergesagt.
Dass wir Menschen in dunklen Zeiten einen solchen Satz sagen können, braucht es einiges – und es braucht vor allem stilles Dasein, gute Worte, Solidarität oder hilfreiche Gesten und Taten von liebevollen Mitmenschen.
Dann wird die Nähe Gottes sichtbar und konkret, dann kann aus Enge Weite werden. Und so hat vielleicht auch meine Finsternis die Chance, hell zu werden.

Hans Gilg

Gottes Weg – der Weg des Menschen

Gott mag die schmalen Wege, die staubigen, auf denen man sich dreckig macht. Wege, auf denen man Begegnungen nur schwer ausweichen kann, wo Zeit ist für einen Gruß und für ein paar nette Worte.

IHM den Weg bereiten: Für mich heißt das nicht, Wege breit zu machen, zu teeren und mit Schildern zuzupflastern.

Für mich heißt es: Stelle Dich an den Anfang seines Weges
und mache die ersten zaghaften Schritte.
Geh solidarisch mit den Menschen – gerade auch mit den „Kleinen" in unserer Welt, teile, was Du hast, und lass Dich beschenken.

Hans Gilg

Abgefahren

Nach Wochen auf den Straßen
hab ich wirklich viel Gummi
auf dem Asphalt gelassen.

Mancher hat meinen Abrieb abbekommen.

Der Druck ist spürbar hoch
und mein Hautmantel wird immer dünner.

Der harte Kern allein
bringt mich auch nicht weiter.

Doch wo immer ich beansprucht werde,
es kommt auf mein Profil an.

Je klarer und je tiefer,
desto griffiger geht es vorwärts.

Hoffentlich schaffe ich es
zur Runderneuerung,

damit ich wieder Profil gewinne.

Respekt, Rücksicht, Freundlichkeit, Klarheit, Tiefe, Verständnis und Liebe zeigen Menschen mit Profil. Solche Menschen braucht es auf den Straßen dieser Welt.
Der Glaube an den Weg Jesu Christi kann heute helfen, Profil zu gewinnen.

Norbert Jungkunz

Du kannst nicht tiefer fallen

Du kannst nicht tiefer fallen als nur in Gottes Hand,
die er zum Heil uns allen barmherzig ausgespannt.

Es münden alle Pfade durch Schicksal, Schuld und Tod
doch ein in Gottes Gnade trotz aller unserer Not.

Wir sind von Gott umgeben auch hier in Raum und Zeit
und werden sein und leben in Gott in Ewigkeit.

Arno Pötzsch

Geht in euren Tag hinaus
ohne vorgefasste Ideen,
ohne an Müdigkeit zu denken,
ohne Plan von Gott, ohne Bescheidwissen über ihn,
ohne Enthusiasmus,
ohne Bibliothek –
geht so auf die Begegnung mit ihm zu.
Brecht auf ohne Landkarte –
und wisst, dass Gott unterwegs zu finden ist,
und nicht erst am Ziel.
Versucht nicht, ihn nach Originalrezepten zu finden,
sondern lasst euch von ihm finden
in der Armut eines banalen Lebens.

Madeleine Delbrêl

Der ganze Jesus

Was gefällt dir an Jesus,
so habe ich ein 8-jähriges Kind gefragt.
Die Antwort kam sofort:
Der ganze Jesus. Alles.

Ja, der ganze Jesus,
weil bei Jesus alles zusammengehört.
Jesus ohne ganzer Menschwerdung ist nicht Jesus.
Jesus ohne frohe Botschaft ist nicht Jesus.
Jesus ohne Jünger ist nicht Jesus.
Jesus ohne Wunden ist nicht Jesus.
Jesus ohne Karfreitag ist nicht Jesus.
Jesus ohne Auferstehung ist nicht einmal der halbe Jesus.

Franz Troyer

Gott geht mit

Gott ist.
Gott ist kein Hirngespinst.
Gott versteckt sich nicht.
Gott geht mit.

Gott ist Du.
Gott ist treu.
Gott geht mit Mose
zu Pharao,
ins Meer,
in die Wüste.

Gott geht mit
ins Getto,
ins Gefängnis,
in die Folterzelle,
zur Prüfung,
zum Traualtar,
zum Scheidungsrichter,
ins Altenheim,
ins Sterbezimmer!

Gott ist nicht feige,
Gott geht mit!

Martin Gutl

Du bist ein Gott der Lebenden

Frei bin ich, da zu wohnen und zu leben.
Frei entscheide ich über JA und NEIN.
Freiheit birgt eine Herausforderung.
Freiheit ist, was zählt
zum Menschsein.

„Zur Freiheit hat euch Christus befreit!
So steht nun fest und lasst euch nicht wieder
unter das Joch der Knechtschaft zwingen!" (Gal 5,1)

Die Freiheit des Glaubens hat einen weiten Horizont. Nicht König noch Gier, nicht Ideologie noch dunkle Gewalten sollen Macht ausüben über das Gewissen eines freien Christenmenschen.

So bin ich frei und lebendig –
und weiß mich doch gehalten und geführt!

Norbert Jungkunz

Unterbrechung

Du sollst dich selbst
unterbrechen
Zwischen Arbeiten und Konsumieren
soll Stille sein
und Freude,
dem Gruß des Engels zu lauschen:
Fürchte dich nicht!
Zwischen
Aufräumen und Vorbereiten
sollst du es in dir singen hören
das alte Lied der Sehnsucht
Maranata, komm, Gott, komm.
Zwischen Wegschaffen und Vorplanen
sollst du dich erinnern
an den ersten Schöpfungsmorgen,
deinen und aller Anfang
als die Sonne aufging
ohne Zweck
und du nicht berechnet wurdest
in der Zeit,
die niemandem gehört
außer dem Ewigen.

Dorothee Sölle

Vom Denken und Danken

Ich hab die Faser nicht gesponnen,
die Stoffe nicht gewebt,
die ich am Leibe trage.
Ich habe nicht die Schuhe,
die Schritte nur gemacht.

Ich habe nicht gelernt zu schlachten,
zu pflügen und zu säen
und bin doch nicht verhungert.
Ich kann nicht Trauben keltern
und trinke doch den Wein.

Ich hab die Städte nicht entworfen,
die Häuser nicht gebaut –
und habe doch zu wohnen.
Ich kann nicht Ziegel brennen
und doch schützt mich ein Dach.

Wer mich ansieht, sieht viele andere nicht,
die mich ernährt, gelehrt, gekleidet haben,
die mich geliebt, gepflegt, gefördert haben.
Mit jedem Schritt gehn viele Schritte mit.
Mit jedem Dank gehn viel Gedanken mit.

Arnim Juhre

Wage zu leben

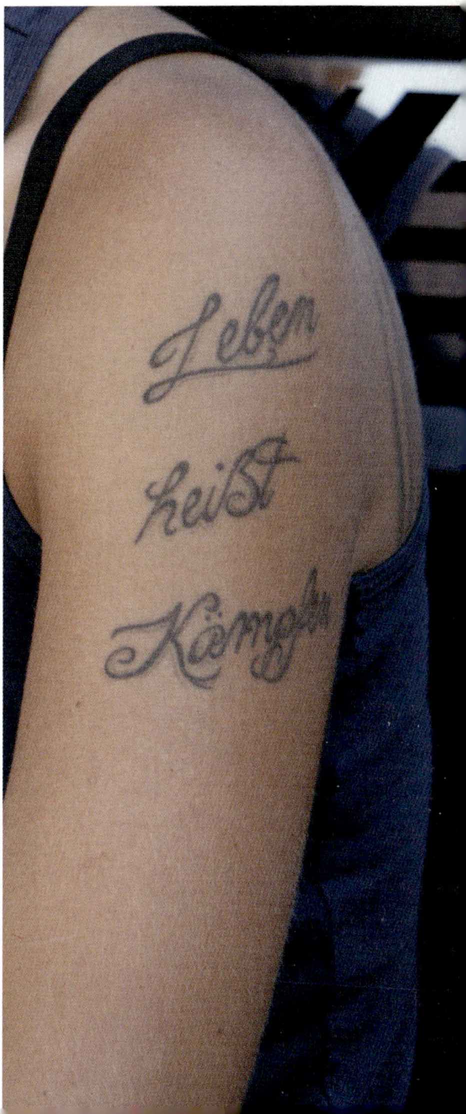

Das perfekte Leben ist eine Illusion.
Nicht alles wird dir gelingen,
nicht alles wirst du erreichen,
nicht alles wird dir glücken.
Vieles bleibt unvollkommen,
Stückwerk und Scherben.

Die Bruchstücke deines Lebens
werden eines Tages
zu einem schönen Ganzen geformt.
Dann wird alles Stückwerk
zu Ende sein.

Aber bis es so weit ist,
wage zu leben.

Udo Hahn

Glauben und Glauben

Zwischen Glauben und Glauben besteht ein Unterschied.
Es gibt einen Glauben, der trennt,
und einen, der zusammenführt.
Es gibt einen Glauben,
der fordert und richtet,
und einen, der hinweist und hilft.
Es gibt einen Glauben, der tötet,
und einen, der stützt und ermutigt.
Es gibt einen Glauben,
der zum Verständnis befreit,
und einen, der Intoleranz fördert.
Es gibt einen Glauben,
der auf den Menschen zielt,
und einen, der von ihm ablenkt.
Es gibt einen Glauben,
der Wege zur Hilfe zeigt,
und einen, der alles zum Schicksal erklärt.
Es gibt einen Glauben,
der Tränen trocknet,
und einen, der hartherzig macht.
Es gibt einen Glauben,
der Tote zum Leben erweckt,
und einen, der Leben verhindert.
Es gibt einen Glauben,
der die Phantasie anregt,
und einen, der einfallslos macht.
Zwischen Glauben und Glauben besteht ein Unterschied.

Josef Dirnbeck / Martin Gutl

Mit Christophorus unterwegs

Falls Sie heute oder in den nächsten Tagen mit dem Auto auf große Fahrt gehen, dann checken Sie noch einmal alles durch: Reifendruck, Motorenöl und Verbandskasten, alles ok? Und besorgen Sie sich eine Christophorusfigur! Wozu das gut sein soll? Der Heilige Christophorus ist der Schutzpatron aller Auto- und Brummifahrer.

Der Legende nach lebte der Riese vor 1800 Jahren in der heutigen Türkei. Er hatte nur ein Ziel: Er wollte dem mächtigsten Menschen der Welt dienen. Deshalb brachte er Menschen über einen reißenden und gefährlichen Fluss. Eine Fähre auf zwei Beinen sozusagen. Eines Nachts wird er geweckt. Ein kleines Kind will über den Fluss. Aber mitten im Fluss wird das Kind immer schwerer, beinahe ertrinken beide. Auf der anderen Flussseite dann klärt sich das Geheimnis. Der Riese hat das Jesuskind getragen. Und weil dieses Kind die ganze Welt retten kann, deshalb war Jesus eine schwere Last. Seitdem heißt er Christophorus – Christusträger.

Aber was hat das jetzt mit Ihrem Auto zu tun? Wenn Sie mit dem Auto oder mit dem Brummi unterwegs sind, dann transportieren Sie Lasten. Und Sie tragen die Verantwortung, dass Sie keinen Unfall bauen, und alle heil ankommen. Deshalb die Christophorus-Plakette in vielen Autos. Denn diese erinnert Sie immer wieder daran, dass Gott mit Ihnen unterwegs ist, wenn Sie Verantwortung tragen. Besorgen Sie sich eine Plakette und bitten sie Gott, dass Sie heil an ihrem Ziel ankommen. Gute Fahrt!

Andrea Emmel

Kollegen der Betriebsseelsorge sind hin und wieder auf Rastplätzen und Fernfahrertreffen unterwegs. Hier können sich Fahrer ihre eigene Christophorus-Medaille für das Armaturenbrett schlagen.

Von den Unfallkreuzen am Straßenrand

Der Tod ist ein Thema, das wir gerne verdrängen. Doch wer viel mit dem Auto oder dem Lkw unterwegs ist, der kommt immer wieder auch an tödlich endenden Unfällen oder an einem der unzähligen Unfallkreuze am Straßenrand vorbei, die davon Zeugnis ablegen. Bei uns in Deutschland sterben jedes Jahr 3500 Menschen im Straßenverkehr. Für mich sind die kleinen Unfallkreuze Mahnmale. Sie rütteln mich auf, vorsichtiger zu fahren und auch mit Fahrfehlern anderer Verkehrsteilnehmer zu rechnen. Oft nehme ich an besagtem Ort tatsächlich ganz unwillkürlich den Fuß vom Gaspedal. Gedanken schießen mir durch den Kopf: Wie schnell kann es doch von einem zum anderen Moment mit dem Leben vorbei sein. Ein einziger Moment, den niemand gewollt hat … auch Gott nicht! … ein sinnloses Geschehen. Und manchmal fange ich an, mit Gott zu reden und für die Unfallbeteiligten und die Angehörigen zu beten.

Für die, die eine nähere Beziehung zu dem Geschehen an der Unfallstelle haben, hat so ein Unfallkreuz eine viel tiefere, ganz andere Bedeutung: Es markiert den Ort der Trauer, der Auseinandersetzung mit Verlust und Schmerz. Regelmäßig fahre ich an einer solchen Unfallstelle vorbei. Ein junger Mann war umgekommen. Zum Andenken hatten dort Freunde und Eltern eine kleine Gedenkstätte errichtet. Auch wenn die Bremsspuren und die kleinen weißen Striche auf dem Asphalt längst verblasst sind, halten sie die Erinnerung an den jungen Mann wach. Ein

kleines Holzkreuz, bunte Bänder, manchmal ein Blumenstrauß und in den Wintermonaten eine rotleuchtende Laterne zeigen den erlittenen Verlust, den Schmerz und die persönliche Trauer. Bei jedem Besuch oder Vorbeifahren wird die schreckliche Unfallnacht wieder neu schmerzlich bewusst.

Tiefe Wunden brauchen Zeit, um zu heilen. Für das Weiterleben ist es wichtig, dass der Verlust irgendwann weniger schmerzlich erfahren wird und sich verändert. Dass es dazu kommt, ist auch eine Form von Gnade und Barmherzigkeit. Nach zwei Jahren war nur noch ein einziges rotes Band zu sehen und das Kreuz war mittlerweile schief geworden. Und im darauffolgenden Frühjahr hatten sich die Pflanzen von der Straßenböschung auf der kleinen Gedenkstätte ausgesät. Sie sind zu stattlichen Gewächsen geworden und haben das Unfallkreuz zugedeckt.

Im wahrsten Sinne des Wortes, ist jetzt „Gras darüber gewachsen". Auf den ersten Blick mag dies eine schlimme Aussage sein. Aber es ist gut so. Der Verlust wurde verwandelt und hat seine schmerzlich erfahrene Wucht verloren. Der Verstorbene ist aber damit nicht vergessen. Er lebt in den Herzen seiner Lieben und bei Gott weiter. Und der christliche Glaube lässt hoffen, dass es ein Wiedersehen mit ihm geben wird.

Hans-Georg Orthlauf-Blooß

Nur die Kinder staunen noch

Nur die Kinder staunen noch, wenn das große Müllauto vorfährt, die Tonnen geleert werden und die Müllmänner zum nächsten Haus oder Wohnblock hetzen. Für die Erwachsenen ist es eine Selbstverständlichkeit, dass da welche kommen und den Müll wegräumen – schließlich bezahlt man ja dafür. In meiner Kindheit war das Wort „Müllmann" eher eine Drohung: „Wenn du dich in der Schule nicht anstrengst, landest du höchstens bei der Müllabfuhr und kannst anderer Leute Dreck wegräumen." Irgendwie haben die Müllmänner keine gute Lobby – und doch ist jeder von uns froh, wenn „der Dreck weggemacht wird".
Wie ist das wirklich? Was ist das für ein Beruf? Welche Menschen arbeiten da? Um Antworten zu bekommen, habe ich bei meinen Dienststellen wieder um eine Auszeit gebeten und mich bei der Stadt Augsburg als „Mülllader" – so heißt das offiziell – beworben. Nach anfänglichen Unsicherheiten (wie stellt man einen Theologen bei der Stadtreinigung an?) hatte ich dann doch nach einer gewissen Zeit meinen Arbeitsvertrag in der Hand: Mülllader in befristeter Anstellung. Nach Einweisung und Einkleidung ging´s dann am folgenden Montag um 6.30 Uhr los. Die Nacht vorher habe ich schlecht geschlafen. Schaffe ich das – den ganzen Tag Tonnen schleppen? Auf wen treffe ich da? Werden die Kollegen mich akzeptieren, mich „mitkommen lassen"? Fragen, die mir durch den Kopf gingen. So müssen sich wohl Leiharbeiter vor jedem neuen Einsatz fühlen.
Um 4.30 Uhr beendet der Wecker das Grübeln und eine Stunde später sitze ich im Zug nach Augsburg. Weiter geht es mit dem Fahrrad zum Betriebshof, da die Straßenbahn- und Busverbindungen zu kompliziert sind und ich so nicht pünktlich an meinem Arbeitsplatz sein kann. Schon das ist eine wichtige Erfahrung. In meiner normalen Tätigkeit kann ich den Dienst flexibel beginnen, bei der Müllabfuhr dagegen könnte das Fahrzeug nicht ausrücken und zwei Kollegen müssten warten.

Meine neuen Kollegen begrüßen mich freundlich und dann geht's auch schon los. Biotonnen werden heute geleert. Schon bald wird mir klar, worauf es ankommt: schnell und sauber arbeiten. Die Tonnen müssen genau an den Aufzug des Müllautos gestellt werden, damit der sogenannte Kamm des Aufzugs diese nach oben zieht und leeren kann. Wenn ich den Behälter nicht ordentlich anstelle, kippt die Tonne oder – und das ist der Supergau – verschwindet im Fahrzeug. Eigentlich – meint man – eine einfache Arbeit, aber die will auch erst einmal gelernt sein. Tag für Tag ist das ein ziemlicher Knochenjob.

In meiner ersten Woche bei der städtischen Müllabfuhr bin ich jeden Tag auf einem anderen Fahrzeug – Restmüll, Biomüll, Sperrmüll – mit ständig wechselnden Kollegen. Inzwischen hat sich herumgesprochen, dass da ein Theologe, ein Pfarrer oder so etwas Ähnliches mitarbeitet. Nach Feierabend bei Kaffee oder Bier fragen manche zaghaft nach, andere erzählen spontan aus ihrem Leben (auch von Schicksalsschlägen), manche wollen mich testen und machen einen Witz über die Kirche (aber nicht böse gemeint), andere verwickeln mich in Glaubensfragen. Es freut mich, dass ich zu diesem Feierabendritual eingeladen bin, zeigt es mir doch, dass ich schon ein bisschen „dazugehöre".

Beeindruckend fand ich auch meine zweite Woche als Müllader. Diesmal war ich fest für ein Sperrmüllfahrzeug eingeteilt. Mit Mike (Lader) und Paul (Fahrer) habe ich mich von Anfang an gut verstanden. Da mir keine Arbeit zuviel war und ich mich vor nichts geekelt habe, konnten sie mich schnell akzeptieren („Du kannst ja richtig gut hinlangen, das hätten wir gar nicht gedacht"). Ich habe mich über das häufige Lob natürlich gefreut, aber mir auch immer wieder die Frage gestellt, ob ich dieses Tempo und die schwere Schlepperei Monate und Jahre durchhalten könnte. Ich habe richtig schlechtes Wetter erlebt und war an manchen

Tagen völlig durchnässt, aber ich war nicht im Winter dabei, wenn eiskalter Wind und Schnee die Arbeit sehr unangenehm machen. Ich habe Menschen erlebt, die die Arbeit der Müllabfuhr schätzen, aber ich habe auch Menschen erlebt, die uns beschimpft haben und die unsere Arbeit behindert oder erschwert haben.

Sehr großen Respekt habe ich vor meinen Kollegen: Viele erledigen ihre Arbeit gern und ganz selbstverständlich. Großartig fand ich die Solidarität gerade unter den Sperrmüllfahrern. Wenn eine Truppe fertig war, ging immer über Funk die Frage an die Kollegen raus, ob noch jemand Hilfe braucht. Großen Respekt habe ich auch vor den Fahrern, die sich oft mühsam durch enge Straßen oder zwischen falsch geparkten Autos durchschlängeln mussten.

Respekt ist das Wort, das mir oft durch den Kopf ging. Respekt bekommen oftmals die „Großkopferten", denen irgendeine herausragende Leistung zu Ruhm und Ehre verhilft. Aber die Kleinen, die einfachen Arbeiter…? Wir müssen – glaube ich – wieder lernen, auch für die täglichen und unspektakulären Arbeiten und Dienste ein „Dankeschön" übrigzuhaben. Es wird sicher wahrgenommen. Und dann staunen auch die Müllmänner.

Hans Gilg

Gott hat einen Namen – jeder hat einen Namen

Das zweite Buch der Bibel (Exodus) erzählt in den Kapiteln 2 und 3 (2,23-3,15) vom Auszug des Volkes Israel aus Ägypten, die Story von der großen Befreiung. Eine Hungersnot hatte einst die zwölf Stämme Israels aus Palästina ins Land der Pharaonen getrieben. Doch bald geriet dort die fremde Sippschaft in Arbeitssklaverei, wo man in Steinbrüchen und Ziegelbrennereien bis zum Umfallen zu schuften hatte. Man vermutet, dass es im 13. Jahrhundert vor Christus zum Aufstand kam und das Volk mit Gottes Hilfe unter Führung von Mose und Aaron dem Pharao entkam. Der berühmte „Auszug aus Ägypten" ist das zentrale Glaubensereignis des Judentums. Es wird jährlich im Ostermahl (Passahfest) gefeiert. Niemals darf in Vergessenheit geraten, dass Jahwe, der Gott der Juden und der Christen, Arbeitssklaverei nicht duldet, sondern hinausführt in ein schönes, weites, „gelobtes" Land.

Die Israeliten stöhnten unter der Zwangsarbeit und schrien um Hilfe. Ihr Schreien drang zu Gott und dieser erinnerte sich an den Bund, den er mit Abraham, Isaak und Jakob geschlossen hatte. Er wandte sich den Israeliten zu und kümmerte sich um sie.

Mose hütete die Schafe und Ziegen seines Schwiegervaters Jitro, des Priesters von Midian. Als er die Herde tief in die Wüste hineintrieb, kam er eines Tages an den Gottesberg, den Horeb. Dort erschien ihm der Engel des Herrn in einer lodernden Flamme, die aus einem Dornbusch schlug. Mose sah nur den brennenden Dornbusch, aber es fiel ihm auf, dass der Busch von der Flamme nicht verzehrt wurde. „Das ist doch seltsam", dachte er. „Warum verbrennt der Busch nicht? Das muss ich mir aus der Nähe ansehen!" Als der Herr sah, dass Mose näher kam, rief er ihn aus dem Busch heraus an: „Mose! Mose!" „Ja", antwortete Mose, „ich höre!" „Komm nicht näher!", sagte der Herr. „Zieh deine Schuhe aus, denn du stehst auf heiligem Boden." Dann sagte er:

„Ich bin der Gott, den dein Vater verehrt hat, der Gott Abrahams, Isaaks und Jakobs." Da verhüllte Mose sein Gesicht, denn er fürchtete sich, Gott anzusehen.
Weiter sagte der Herr: „Ich habe genau gesehen, wie mein Volk in Ägypten unterdrückt wird. Ich habe gehört, wie es um Hilfe schreit gegen seine Antreiber. Ich weiß, wie sehr es leiden muss, und bin herabgekommen, um es von seinen Unterdrückern zu befreien. Ich will es aus Ägypten führen und in ein fruchtbares und großes Land bringen, ein Land, das von Milch und Honig überfließt. Ich habe den Hilfeschrei der Leute von Israel gehört, ich habe gesehen, wie grausam die Ägypter sie unterdrücken. Deshalb gehe jetzt, ich schicke dich zum Pharao! Du sollst mein Volk, die Israeliten, aus Ägypten herausführen." Aber Mose wandte ein: „Ich? Wer bin ich denn! Wie kann ich zum Pharao gehen und das Volk Israel aus Ägypten herausführen?" Gott antwortete: „Ich werde dir beistehen. Und das ist das Zeichen, an dem du erkennst, dass ich dich beauftragt habe: Wenn du das Volk aus Ägypten herausgeführt hast, werdet ihr mir an diesem Berg Opfer darbringen und mich anbeten."

Mose sagte zu Gott: „Wenn ich nun zu den Leuten von Israel komme und zu ihnen sage: Der Gott eurer Vorfahren hat mich zu euch geschickt, und sie mich dann fragen: Wie ist sein Name? – was soll ich ihnen sagen?" Gott antwortete: „Ich bin da", und er fügte hinzu: „Sag zum Volk Israel: Der Ich-bin-da hat mich zu euch geschickt: der Herr! Er ist der Gott eurer Vorfahren, der Gott Abrahams, Isaaks und Jakobs. Denn Herr (Er-ist-da) ist mein Name für alle Zeiten. Mit diesem Namen sollen mich auch die kommenden Generationen ansprechen, wenn sie zu mir beten."

In diesem Abschnitt aus dem Buche „Exodus" verbergen sich vier tiefer liegende Schichten, die freizulegen sich lohnt.

Die erste Botschaft: Gott sieht unser Elend und hört unser Schreien.

Er hält sich nicht die Augen und Ohren zu, wenn Menschen unter der Last ihrer Arbeit zerbrechen und ihr Arbeitsleid beklagen. Er hört das Stöhnen und Seufzen der Geplagten. Er sieht auch heute die Not der Fahrer, all das, was sie Tag für Tag zu beklagen haben: den unendlichen Stress, den ihnen der vernichtende internationale Wettbewerb und die Profitgier bescheren, Termindruck, Überziehung der Lenkzeiten und Geschwindigkeiten, die Gefährdung des gesamten Straßenverkehrs, die daraus resultiert. Er kennt die Not der Scheinselbstständigen, die sich Tag und Nacht um Kopf und Kragen fahren müssen, um die Leasingraten zu bedienen, ein halbwegs ausreichendes Einkommen zu erzielen und Renten- und Krankenversicherung bezahlen zu können. Er weiß um jene menschenunwürdigen Umstände, wenn Fahrer abends keine Stellplätze finden und irgendwo verbotenerweise, unter jämmerlichen hygienischen Bedingungen und ständiger Gefahr kampieren müssen.

Dieser Gott lässt auch an sich ran, dass andere Verkehrsteilnehmer die Lkw-Fahrer oft beschimpfen und missachten. Er kann verstehen, wenn diese selbst aggressiv reagieren, den Druck weitergeben, einander bedrängen und vor allem, dass sie einfach immer wieder fix und alle sind. „So wie wir leben, ist das einfach kein Leben mehr", klagen viele. Als Fahrer droht man einsam und beziehungslos zu werden. Zu Hause kracht es in Partnerschaft und Ehe, ganze Familien zerbrechen. Denn im Unterschied zu den Nomaden in der Wüste ziehen bei den Autobahnnomaden die Familien nicht mit. Für Freundschaft, Vereine, Kultur, Kirche und Politik bleibt keine Zeit. Fahrer leben äußerst ungesund und dürfen vor allem nicht krank werden. „Als Fahrer wirst du ganz bestimmt nicht alt", vermutete einer.

Schreit es hinaus, sagt diese Geschichte der Befreiung. Findet euch nicht damit ab! Da ist einer, der hört …

Die zweite Botschaft: Der Gott der Bibel sieht und hört nicht nur, er handelt!
Er „fährt herab", so heißt es wörtlich im Text, um das unterdrückte Volk den Unterdrückern zu entreißen. Er ist ein Gott, der aus Leidenschaft für die Menschen brennt. So kann man wohl die seltsame Erscheinung deuten, dass sich Gott dem Mose in einem brennenden, aber nicht verbrennenden Dornbusch zeigt. Das Feuer – etwas Kostbares im Leben der Nomaden – bedeutet immer Leidenschaft, Veränderung, Umgestaltung, nicht Zerstörung. Was da abgeht mit Gottes Volk in Ägypten, muss durch Feuer hindurch, muss verwandelt und umgestaltet werden.
Dieser Gott gibt sich dem Mose nicht nur im Zeichen, sondern auch in seinem ganzen Wesen zu erkennen. „Erkennen" heißt in der Bibel mehr als nur sehen und begreifen. Es bedeutet, sich dem andern gegenüber liebend zu öffnen und sich ihm hinzugeben.
Gott liebt sein Volk so sehr, dass er seinen eigenen Namen mit dieser Liebe verbindet, seinen Kosenamen sozusagen: Er ist der „Ich-bin-da". Er ist immer da, wach und stets präsent, wie Liebende füreinander da sind.

Wenn dieser Gott der Bibel sich für die Nomaden damals nicht zu schade war, dann sicher auch für die Nomaden heute auf der Autobahn mit ihren Karawanen. Dann brennt er auch für sie aus Leidenschaft. Abhängigkeit, Unterdrückung sind nicht sein Ding! Da fährt er, da „fährt er herab", denn alle sollen ein Leben in Fülle haben.

Der dritte Kern, der sich aus dieser Erzählung herausschält: Gott handelt nicht für die Menschen, sondern nur mit ihnen.
Wir sind nicht seine Marionetten, sondern seine Partner. Er tut nichts ohne uns. Mose – und später auf seine Bitte hin sein Bruder Aaron – sind die Auserwählten. Keine Revolu-

tion, keine Veränderung in der Menschheitsgeschichte, die nicht mit Namen und Schicksalen zu verbinden wäre. Die Menschen in Unterdrückung brauchen Inspiratoren, die sie begeistern und mitreißen. Die überzeugt und überzeugend selbst vorangehen, die sich total einbringen und alles auf diese eine Karte setzen, Scheitern inklusive. Keine dankbare Aufgabe! Mose versucht, sich zu drücken. Vergebens! Der Ruf Gottes kann jeden treffen. Denn Mose war einer wie du und ich.

Befreiung setzt weit unten an. Ein jeder muss bereit sein, seinen Part zu übernehmen. Es geht ganz schlicht um Solidarität.

Die ist im Leben der Fahrer problematisch! Die Arbeitsbedingungen erschweren die kollegiale und betriebliche Solidarität. Fahrer werden schnell zu „Einzelkämpfern", das erleichtert der Gegenseite das Geschäft. Sie kann schalten und walten, wie sie will, und trifft auf wenig gemeinsamen oder gar organisierten Widerstand. Der „Ich-bin-da-Gott" hat es nicht leicht, mit dem fahrenden Volk sein Befreiungswerk zu beginnen.

Zwar ist der „Kapitän der Landstraße" längst nur noch eine Karikatur. Dennoch sitzen manche schon noch weit oben auf ihrem Bock und müssen erst einmal herunter vom hohen Ross, um mit ihren Kollegen solidarisch zu sein und miteinander zu kämpfen um gerechte Entlohnung, menschenwürdige Arbeitsbedingungen, Gesundheitsschutz und Zeitkultur. Der „Ohne-mich-Standpunkt" steht in krassem Widerspruch zum „Ich-bin-da" des biblischen Gottes.

Die vierte Schicht, die es aus dem Text zu lösen gilt, ist die Vision vom „gelobten Land".

Diese Vision erweist sich im Aufstand und später im erbarmungslosen Zug durch die Wüste als die treibende Kraft. Es ist die grandiose Zusage, ein Land geschenkt zu bekommen, in dem „Milch und Honig fließen". Die Milch deutet – ähnlich wie für die sesshafte Bevölkerung das Brot – hin auf die ausreichende Existenzgrundlage. Niemand wird mehr darben! Der Honig aber, später dem Wein entsprechend, weist hin auf des Lebens Wonne und Süßigkeit. Auch da soll keiner Mangel leiden! Beide Komponenten zusammengenommen ergeben erst „gutes Leben". Wo diese Vision im Volke Israel verlorenging, begann die Klage und machten sich Depression und Resignation breit. Ohne eine Vision kann keine Befreiung gelingen.

Auch Fahrer sollten nicht aufhören, vom besseren Leben zu träumen und diesen Träumen Raum und Zeit zu geben im gemeinsamen Feiern. „Vorwegfeiern", was erst noch zu erkämpfen ist. Aber Feiern macht stark, gibt Mut, stählt den Zusammenhalt. Nur wer den Mut hat, mitten in der Bedrängnis zu feiern, der kann auch kämpfen.

Paul Schobel

Ein guter Engel begleitet Dich

Von einem jungen Reisenden berichtet die Bibel im Alten Testament. Tobias war der einzige Sohn seiner alten Eltern Tobit und Hanna. Sie wollen ihn ins Ausland schicken, um dort eine Geldforderung einzutreiben, mit der sie ihr Alter sichern könnten. Die Mutter weint, als der Abschied naht. Was, wenn Tobias, ihr Ein und Alles, die Reise nicht gesund übersteht? Das würde sie nicht überleben, das Schicksal der beiden Alten wäre besiegelt. Vater Tobit tröstet seine Frau, denn Tobias reist nicht allein, er hat einen geheimnisvollen Begleiter gefunden. Im Buch Tobit, Kapitel 5, Verse 18-23, steht:

„Hanna, die Mutter des Tobias, weinte und sagte zu Tobit: Warum hast du unseren Sohn weggeschickt? War er nicht die Stütze unseres Alters, als er noch bei uns ein- und ausging? Wir hätten dieses Geld gar nicht gebraucht; denn es ist nichts, verglichen mit dem Leben unseres Sohnes. Was uns der Herr zum Leben gegeben hat, reicht für uns.
Tobit antwortete: Mach dir keine Sorgen, Schwester, er wird gesund zurückkommen und du wirst ihn wiedersehen. Denn ein guter Engel begleitet ihn und seine Reise wird ein gutes Ende nehmen; er wird sicherlich gesund heimkehren. Da hörte sie auf zu weinen."

„Papa, warum gehst du schon wieder?" Die Frage meiner Vierjährigen fuhr mir gestern Abend, als ich sie ins Bett brachte, richtig in die Glieder. Nun ist es 5 Uhr morgens. Sie schläft noch friedlich, aber ich muss mich auf den Weg machen – höchste Eisenbahn! Auch meine Frau ist vor jeder Fahrt immer in großer Sorge um mich. Schnell ein paar Klamotten in die Tasche, die Thermosflasche, und dann ein flüchtiger Abschiedskuss: „Tschüss, und mach's mal gut!" Fünf lange Tage muss Helga nun alleine zurechtkommen. Nur am Abend reicht die Zeit vielleicht für einen kleinen Schwatz über Handy – mehr ist nicht drin.

Auf der Fahrt zur Spedition höre ich schon die ersten Staumeldungen von der A 8. In dieser Woche erwartet mich wieder mal eine höllische Tour durch halb Europa. Im Hof lauert schon der Vierzigtonner auf mich, voll beladen mit Maschinenteilen. Schnell die Papiere – der Disponent ist schlecht gelaunt und mahnt zur Eile. Ich fahre los. Und schon schwimme ich mit im endlosen Strom.
Und jetzt beginnen die Gedanken zu kreisen: „Papa, warum gehst du schon wieder?" Ich spüre, dass mir Tränen in die Augen steigen. Die roten Rücklichter meines Vormanns beginnen schon zu verschwimmen. Ich kann und darf nicht weinen, so sehr mir danach zumute ist.
Fragen steigen in mir hoch – immer dieselben –, wenn ich auf großer Fahrt bin. Wird denn alles gut gehen mit mir, mit uns als Familie? Warum wächst mein Kind ohne Vater auf? Werden Helga und ich unsere Liebe füreinander bewahren können? Wie lange kann ich noch gesundheitlich auf dem Bock durchhalten?

Tobias kam übrigens heil und unversehrt nach Hause zurück. Damit nicht genug – er brachte Sara, das Glück seines Lebens mit und – auch nicht zu verachten – ein großes Vermögen mit dazu. War natürlich auch kein Wunder, denn der geheimnisvolle Reisebegleiter entpuppte sich als der Engel Raffael. Das ist der himmlische Verkehrsspezialist.

Der Segen des Vaters Tobit, den er seinem Sohn mit auf die gefährliche Reise gab, sei allen zugesprochen, die heute auf den Straßen unterwegs sind:
„Gott, der im Himmel wohnt, wird euch auf eurer Reise behüten; sein Engel möge euch begleiten."

Paul Schobel

Ein Versprechen an mich

Die Wüste und das trockene Land sollen sich freuen, die Steppe soll jubeln und blühen.
Sie soll prächtig blühen wie eine Lilie, jubeln soll sie, jubeln und jauchzen.
Die Herrlichkeit des Libanon wird ihr geschenkt,
die Pracht des Karmel und der Ebene Scharon. Man wird die Herrlichkeit des Herrn sehen, die Pracht unseres Gottes.
Macht die erschlafften Hände wieder stark und die wankenden Knie wieder fest!
Sagt den Verzagten: Habt Mut, fürchtet euch nicht! Seht, hier ist euer Gott! Die Rache Gottes wird kommen und seine Vergeltung; er selbst wird kommen und euch erretten.
Dann werden die Augen der Blinden geöffnet, auch die Ohren der Tauben sind wieder offen.
Dann springt der Lahme wie ein Hirsch, die Zunge des Stummen jauchzt auf.
In der Wüste brechen Quellen hervor, und Bäche fließen in der Steppe.
Jesaja 35,1-6a.10

Hoffnung auf Frieden

Doch aus dem Baumstumpf Isais wächst ein Reis hervor, ein junger Trieb aus seinen Wurzeln bringt Frucht.
Der Geist des Herrn lässt sich nieder auf ihm: der Geist der Weisheit und der Einsicht, der Geist des Rates und der Stärke, der Geist der Erkenntnis und der Gottesfurcht.
Er erfüllt ihn mit dem Geist der Gottesfurcht. Er richtet nicht nach dem Augenschein, und nicht nur nach dem Hörensagen entscheidet er, sondern er richtet die Hilflosen gerecht und entscheidet für die Armen des Landes, wie es recht ist.
Er schlägt den Gewalttätigen mit dem Stock seines Wortes und tötet den Schuldigen mit dem Hauch seines Mundes.
Gerechtigkeit ist der Gürtel um seine Hüften, Treue der Gürtel um seinen Leib.
Dann wohnt der Wolf beim Lamm, der Panther liegt beim Böcklein.
Kalb und Löwe weiden zusammen, ein kleiner Knabe kann sie hüten.
Kuh und Bärin freunden sich an, ihre Jungen liegen beieinander. Der Löwe frisst Stroh wie das Rind.
Der Säugling spielt vor dem Schlupfloch der Natter, das Kind streckt seine Hand in die Höhle der Schlange.
Man tut nichts Böses mehr und begeht kein Verbrechen auf meinem ganzen heiligen Berg; denn das Land ist erfüllt von der Erkenntnis des Herrn, so wie das Meer mit Wasser gefüllt ist.
An jenem Tag wird es der Spross aus der Wurzel Isais sein, der dasteht als Zeichen für die Nationen; die Völker suchen ihn auf; sein Wohnsitz ist prächtig.
Jesaja 11,1-10

Der gute Hirt

Denn so spricht Gott, der Herr: Jetzt will ich meine Schafe selber suchen und mich selber um sie kümmern.
Wie ein Hirt sich um die Tiere seiner Herde kümmert an dem Tag, an dem er mitten unter den Schafen ist, die sich verirrt haben, so kümmere ich mich um meine Schafe und hole sie zurück von all den Orten, wohin sie sich am dunklen, düsteren Tag zerstreut haben.
Ich führe sie aus den Völkern heraus, ich hole sie aus den Ländern zusammen und bringe sie in ihr Land. Ich führe sie in den Bergen Israels auf die Weide, in den Tälern und an allen bewohnten Orten des Landes.

Auf gute Weide will ich sie führen, im Bergland Israels werden ihre Weideplätze sein. Dort sollen sie auf guten Weideplätzen lagern, auf den Bergen Israels sollen sie fette Weide finden.
Ich werde meine Schafe auf die Weide führen, ich werde sie ruhen lassen – Spruch Gottes, des Herrn.
Die verlorengegangenen Tiere will ich suchen, die vertriebenen zurückbringen, die verletzten verbinden, die schwachen kräftigen, die fetten und starken behüten.
Ich will ihr Hirt sein und für sie sorgen, wie es recht ist.
Ihr aber, meine Herde – so spricht Gott, der Herr –, ich sorge für Recht zwischen Schafen und Schafen, zwischen Widdern und Böcken.
War es euch nicht genug, auf der besten Weide zu weiden? Musstet ihr auch noch euer übriges Weideland mit euren Füßen zertrampeln? War es euch nicht genug, das klare Wasser zu trinken? Musstet ihr den Rest des Wassers mit euren Füßen verschmutzen?
Meine Schafe mussten abweiden, was eure Füße zertrampelt hatten, und trinken, was eure Füße verschmutzt hatten.
Darum – so spricht Gott, der Herr, zu euch: Ich selbst sorge für Recht zwischen den fetten und den mageren Schafen. Weil ihr mit eurem breiten Körper und eurer Schulter alle schwachen Tiere zur Seite gedrängt und weil ihr sie mit euren Hörnern weggestoßen habt, bis ihr sie weggetrieben hattet, deshalb will ich meinen Schafen zu Hilfe kommen. Sie sollen nicht länger eure Beute sein; denn ich werde für Recht sorgen zwischen Schafen und Schafen.
Ezechiel 34,11-22

Der unbekannte Bekannte

„Eine verrückte Geschichte", erzählte Gerd am Fernfahrertisch und schob sich eine Gabel Pommes hinter die Kiemen. „Spuck schon", ermunterte ihn Jan, der Kollege von der Waterkant. Sie freuten sich beide, dass sie sich auf dieser Tour mal wieder auf dem Autohof in der Rhön getroffen haben. „Da stand ein Typ auf dem Zubringer", begann nun Gerd seine Geschichte, „ein junger Kerl, er wirkte auf mich sympathisch und hatte irgendwas in seinem Blick – aber was? Er winkte und wollte mitgenommen werden. Eigentlich nehme ich selten Anhalter mit, aber schon stand ich volle Kanne in den Eisen, hielt an und da saß er nun neben mir." „Na und?", wollte Jan wissen. Aber Gerd zögerte und nahm erst einmal einen kräftigen Schluck. „So etwas habe ich noch nie erlebt", begann er nun umständlich, „sonst redet man doch vom Wetter oder von Fußball. Aber der Typ schaute mich an und fragte mich direkt, was mit mir los sei und irgendwas stimme doch nicht mit mir ... "

„Den hätte ich gleich wieder an die frische Luft befördert", meinte Jan. „Daran dachte ich zunächst auch", fuhr Gerd fort, „aber dieser Blick, kann ich dir sagen. Kurzum: ich erzählte ihm von meiner Scheidung, und dass die Kinder der Frau zugesprochen worden sind. Dass ich jede Nacht in mich hinein heule, einmal rasend bin vor Wut und ein andermal todtraurig. Dass ich schon mit dem Gedanken gespielt habe, ich fahre einfach mal voll auf den Vordermann drauf oder ich steuere die Kiste über die Böschung, dann wär endlich Schluss." „Jetzt mach mal halblang", warf Jan unruhig ein, „ich wusste gar nicht, dass es dir so beschissen geht. Und Du erzählst das einfach einem dahergelaufenen Anhalter, das versteh ich nicht." „Ich auch nicht", erwiderte Gerd, „aber ich war einfach nicht mehr zu stoppen, hab mir die ganze Scheiße von der Seele gesprochen. Irgendwie spürte ich: Bei dem da ist das gut aufgehoben, der versteht mich voll." „Und wie bist du den Typen wieder losgeworden?", fragte Jan. „Es war inzwischen Abend geworden.

Auf dem Autohof in Hannover entdeckte ich noch einen Stellplatz, hier wollte ich übernachten. Mein Begleiter verabschiedete sich freundlich. Da bat ich ihn, doch noch auf ein Bier mitzukommen. Er ließ sich nicht zweimal bitten. Wir haben noch miteinander gegessen und zwei Halbe getrunken. Auf einmal war er weg. Ich war traurig, aber gleichzeitig auch glücklich. Fühlte mich wie um eine Zentnerlast erleichtert. Zum ersten Mal seit Monaten, dass ich mich an diesem Abend wieder wohlgefühlt habe. Ich war irgendwie mit mir im Reinen. Das Verrückteste kommt erst noch: Als ich bezahlen wollte, war das schon erledigt. Der hatte es plötzlich eilig, meinte die Bedienung. Ehrlich – so etwas habe ich noch nie erlebt … "

Gerd nicht, aber die beiden Jünger Jesu auf dem Weg von Jerusalem hinaus in einen Flecken namens Emmaus.
So nachzulesen im Evangelium des Lukas (Lk 24,13-33, siehe Seite 152).

„Miteinander gehen", sagt diese Geschichte. Die Unwägbarkeiten und Gefahren eines Wegs teilen, einander Weggefährten sein.
„Miteinander reden", so fährt die Erzählung fort: Menschen die Zunge lupfen, damit sie sich ihren Frust von der Seele reden können.
„Beieinander bleiben", wenn es Abend wird und wieder die Kälte und die Nacht herankriechen.
„Miteinander teilen, essen, feiern", um dann ihn zu erkennen und das Leben neu zu begreifen.

Paul Schobel

Und alle aßen und wurden satt.

Zu wenig oder nicht genug … .

Wir leben in einer Zeit, in der es ständig zu wenig gibt: zu wenig Arbeitsplätze, von denen man auch leben kann, zu wenig Geld für das Gesundheitswesen oder für Soziales, wenig gute Zukunftsaussichten, zu wenig Menschen, denen wir zutrauen, uns einen guten Weg aus der Krise zu führen.

Nur von einem gibt es anscheinend genug: Menschen, die durch eine sinnvolle und gute Arbeit ihr tägliches Brot verdienen möchten. In der Bibel gibt es auch eine Geschichte, die vom Mangel und vom Hunger der Menschen erzählt. Im Evangelium nach Lukas (Kapitel 9, Verse 12-17) lesen wir:

„Als der Tag zur Neige ging, kamen die Zwölf zu Jesus und sagten: Schick die Menschen weg, damit sie in die umliegenden Dörfer und Gehöfte gehen, dort Unterkunft finden und etwas zu essen bekommen; denn wir sind hier an einem abgelegenen Ort. Er antwortete: Gebt ihr ihnen zu essen! Sie sagten: Wir haben nicht mehr als fünf Brote und zwei Fische; wir müssten erst weggehen und für all diese Leute Essen kaufen. Es waren etwa fünftausend Männer.

Er erwiderte seinen Jüngern: Sagt ihnen, sie sollen sich in Gruppen zu ungefähr fünfzig zusammensetzen. Die Jünger taten, was er ihnen sagte, und veranlassten, dass sich alle setzten. Jesus aber nahm die fünf Brote und die zwei Fische, blickte zum Himmel auf, segnete sie und brach sie; dann gab er sie den Jüngern, damit sie diese an die Leute austeilten. Und alle aßen und wurden satt."

Das Verhalten der Jünger hat mich in schockierender Weise an das erinnert, was täglich in vielen Betrieben passiert: Es ist nicht genug da, schick die Leute nach Hause. Beim Rückgang von Arbeit, von Aufträgen oder Gewinn ist meist die erste Reaktion: Entlassungen – Menschen heimschicken. Es sind dann oft die Betriebsräte, die kreativ sind und überlegen, wie das Vorhandene verteilt werden kann – sie nehmen ihre Verantwortung ernst: „Gebt ihr ihnen zu essen!" Sich gemeinsam solidarisch darum sorgen, wie wir das, was wir haben, so teilen können, dass es wirklich für alle reicht – unsere einzige echte Zukunftschance in den Zeiten der Krise!

Martina Berndt-Hoffmann

„Warten" – das Getreide wächst nicht schneller, wenn man daran zieht.

Eine Situation, die alle Kraftfahrer kennen:
Ich stehe mit meinem Auto im Stau, viel zu langsam geht es vorwärts. Vielleicht ein Unfall in der Baustelle. Hoffentlich löst sich der Stau schnell auf. Der Terminplan ist eng und der Termindruck sowieso schon groß. Kann ich die zugesagte Zeit einhalten? Stress macht sich breit, der Zeitdruck wächst. Und außerdem will ich unangenehme Gespräche vermeiden, mit dem Kunden, vielleicht mit dem Chef oder – wenn ich schon wieder später nach Hause komme – mit Partnerin und Familie …
Bald kommt eine Ausfahrt. Ich könnte ja die Umleitung nehmen. Dann habe ich zumindest das Gefühl, aktiv zu handeln. Aber lohnt sich das? Oder sind vielleicht die Umleitungsstrecken auch schon verstopft? Und wie sieht die Strecke aus? Komme ich mit dem Lkw auch durch die Engstellen? Vielleicht ist es besser, im Stau zu bleiben und nicht die Umleitung zu fahren? Ich weiß es nicht …

„Jesus sagte: Mit dem Reich Gottes ist es so, wie wenn ein Mann Samen auf seinen Acker sät; dann schläft er und steht wieder auf, es wird Nacht und wird Tag, der Samen keimt und wächst und der Mann weiß nicht, wie. Die Erde bringt von selbst ihre Frucht, zuerst den Halm, dann die Ähre, dann das volle Korn in der Ähre. Sobald aber die Frucht reif ist, legt er die Sichel an; denn die Zeit der Ernte ist da."
Mk 4, 26-29

Sicher kennst Du solche Gedanken. Niemand kann letztlich sagen, welche Entscheidung die „richtige" ist. Wahrscheinlich ist es sehr viel schwieriger, geduldig zu warten und sich der Hilflosigkeit auszusetzen. Doch irgendwann wird sich der Stau ganz von selbst auflösen und es kann endlich weitergehen …

Es gibt einfach Situationen, da können wir aktiv nichts tun. Wir müssen warten, möglichst in aller Gelassenheit, bis zu dem Moment, an dem wir wieder am Zug sind. Eine solche Situation schildert Jesus im Markusevangelium. Wenn das Korn gesät ist, heißt es „Warten" – das Getreide wächst nicht schneller, wenn man daran zieht.

Noch einige Gedanken dazu, wie wir unfreiwillige Wartezeiten verbringen können:

- Ich warte im Stau. Manche Radiosender informieren darüber, wie lange der Zeitverlust durch den Stau wahrscheinlich sein wird.
- „Zeitverlust" heißt: Ich komme später ans Ziel. Aber: Wie kann ich Druck 'rausnehmen? Wie könnte ich die Zeit anders füllen? Vielleicht schaffe ich es, die Stausituation anzunehmen? Finde ich etwas, womit ich die aufgezwungene Wartezeit sogar sinnvoll nutzen kann? Zugegeben, das ist nicht einfach.
- Vielleicht gelingt eine freundliche Kontaktaufnahme zu Leidensgenossen, die auch im Stau stehen? Ein zwischenmenschliches Lächeln hilft oft über Ärger hinweg – auf beiden Seiten. Vielleicht kann ich die Zeit auch nutzen, um mir Dinge entlang der Autobahn intensiver als sonst anzuschauen: Bäume entlang der Autobahn, Tiere auf der Weide, Autos und ihre Fahrer, Nummernschilder und die Frage: „Wo kommen die Menschen her, die auf der Autobahn unterwegs sind?" Die Zeit nutzen, um Selbstverständliches mit anderen Augen zu sehen…
- Hilfreich ist in jedem Fall eine gute Portion Gelassenheit. Mit all meiner Anspannung, meinem verstärkt empfundenen Termindruck und meinem Ärger mache ich die Situation kein Bisschen besser. Letztlich bleibt mir nichts anderes übrig, als mich in Geduld zu üben.
- „Üben" bedeutet, etwas zu lernen, was ich noch nicht so gut kann. Vielleicht sind das ja tatsächlich Gelassenheit und Geduld ...

Stefan Brux

Gott wird Mensch – wird Halt für Dein Leben

Gott bleibt – auch wenn die Weihnachtslichter
im Keller verschwunden sind.
Hat Dich „eingeschrieben in seine Hände" –
auch wenn andere Dich abgeschrieben haben.

Sagt: „Du bist wertvoller als alles Geld
dieser Welt" – auch wenn andere Dich
nur noch als Kostenfaktor sehen.
Gott wird Mensch – nicht nur an
Weihnachten.

Mensch, werde Halt für
andere in Deinem Leben.

Hans Gilg

Wir zurren fest

Im Alltag zurren wir immer wieder einmal etwas fest. Wir zurren fest, sichern damit, was wertvoll ist. Wir Trucker die Ladung auf unseren Lkws, der Bauer die dicken Strohballen beim Einbringen vom Feld auf dem Anhänger, oder auch beim Vatertagsausflug Kästen mit goldenem Gerstensaft auf dem Bollerwagen, um einige Beispiele zu nennen.
Wir zurren fest,
· damit nichts fällt,
· damit nichts zerbricht,
· damit alles unversehrt sein Ziel erreicht.

Im Alltag merken wir auch immer wieder einmal, dass wir festgehalten werden, dass uns eine unsichtbare Kraft bremst, von etwas zurückhält, das wir gerade tun wollten. Ich sage in solchen Fällen stets: „Na, dann eben nicht", ohne weiter darüber nachzudenken, warum ich zurückgehalten, in meiner Position „festgezurrt" wurde. Jeder kennt den Ausspruch: „Es hat nicht sollen sein."

Manchmal war ich verärgert, wenn meine Pläne sich durchkreuzten. Oft aber war ich im Nachhinein darüber dankbar, wenn ich erkennen musste, dass es gar nicht so schön, gar nicht so gut war, was ich vor hatte. So zeigen sich im täglichen Leben oft Begebenheiten, wo uns deutlich wird, dass eine höhere Macht und hält, uns „festzurrt",
· damit wir nicht fallen,
· damit wir nicht zerbrechen,
· damit wir unversehrt unser Ziel erreichen.

Gestärkt durch unseren Glauben vertrauen wir auf Gott.
Unsere Tage, unser Schicksal liegt in seinen Händen.
Festgezurrt! Gesichert!
Dafür danken wir!

Johanna Rauer †

Gucken kostet 5 €! Mithelfen kostenlos!

Gaffer, die nach einem Verkehrsunfall die Einsatzkräfte behindern und Fotos vom Unfallort auf Facebook stellen – das ist immer ein Thema. Nicht nur für Brummi-Fahrer. Gaffer gibt es auch bei anderen Gelegenheiten.

Vor einiger Zeit stand auf einem Banner zu lesen: „Gucken kostet 5 €! Mithelfen kostenlos!" Menschen hatten nach einem fürchterlichen Hochwasser diesen Banner auf einem der Sandsäcke aufgestellt. „Gucken kostet 5 €! Mithelfen kostenlos!" Von weit her kommen Menschen angefahren, stehen auf dem Deich und starren, während andere Sandsäcke schleppen und ihr Hab und Gut in Sicherheit bringen. Sie sind Gaffer, und das ist manchen nicht einmal peinlich. Das ist fast schon die Lust am Leid der anderen.

Wie ist so etwas möglich?

Anschauen und gaffen – das ist ein großer Unterschied. In der Schöpfungsgeschichte der Bibel schaut Gott immer wieder auf das, was er geschaffen hatte. Das Licht, das Wasser, die Tiere und den Menschen. Am Ende des 6. Tages heißt es im Schöpfungsbericht: „Gott sah alles an, was er gemacht hatte: Es war sehr gut. (...) So wurden Himmel und Erde vollendet." Indem Gott sein Werk anschaut, wird es gut, wird es vollendet.

So ist es bei jedem Menschen, der etwas schafft, der etwas erschafft. Jeder Handwerker schaut sein Werk immer wieder an – um es zu verbessern und so zu vollenden. Jeder Maurer schaut vor dem Feierabend nochmals auf sein Tagwerk – mit etwas Stolz auf seine Arbeit, vor allem aber mit der Gewissheit, das alles einmal zu vollenden.

Anschauen macht glücklich. Anschauen vollendet.

Gaffen, Menschen in ihrer Not anzustarren, führt zum Gegenteil. Es vergrößert das Leid, verärgert und macht das Unglück komplett. Vollendung sieht anders aus.

Anschauen und Gaffen – der Unterschied könnte nicht größer sein: Einen Menschen anschauen, macht ihn glücklich und vollendet ihn. Auf einen Menschen samt seinem Leid gaffen, macht ihn dagegen unglücklich und nimmt ihm die Würde.

Uwe Beck

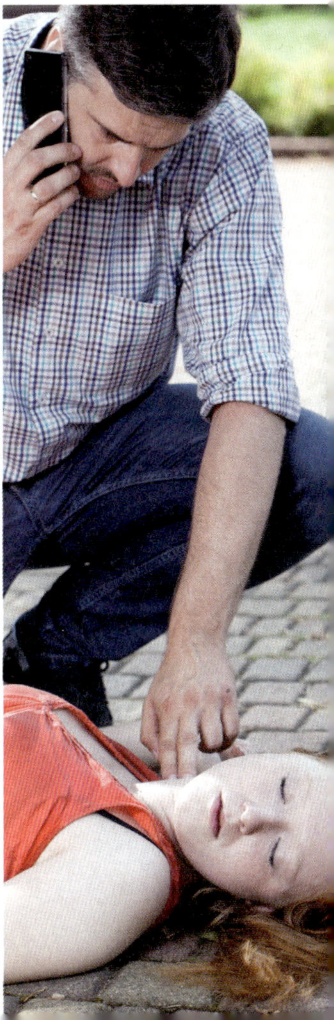

Ich, dein Gott, begleite dich

Hallo, wage Deinen Weg!
Genau Du bist gemeint.

Ich weiß, Dir fällt es nicht leicht,
den Weg allein zu wagen.
Es wird nicht leicht sein,
zu gehen über Höhen oder Tiefen.

Du musst auch bereit sein, Kurven einzuschlagen.
Oder bist Du auch den falschen Weg gegangen,
in eine Sackgasse geraten
und musst vielleicht umkehren?

Ich weiß, Du hast Angst.
Aber Du hast doch eine Hoffnung,
das Ziel zu erreichen.
Warum weigerst Du dich immer noch?

Ich, Dein Gott, begleite Dich auf Deinem Weg.
Wenn Du mir vertraust,
brauchst Du keine Angst zu haben.
Dann kannst Du Deinen Weg wagen.

Christine Jesse

Gib mir Kraft für einen Tag!

Herr, ich bitte nur für diesen,
dass mir werde zugewiesen,
was ich heute brauchen mag.

Jeder Tag hat seine Last,
jeder Tag bringt neue Sorgen,
und ich weiß nicht, was für morgen
du mir, Herr, beschieden hast.

Aber eines weiß ich fest,
dass mein Gott, der seine Treue
täglich mir bewies aufs neue,
sich auch morgen finden lässt.

Gib mir heute deinen Geist,
dass das Band wird stark erfunden,
das mich hält mit dir verbunden,
und bis morgen nicht zerreißt.

Und so will ich meine Bahn
ohne Sorgen weiterschreiten.
Du wirst Schritt um Schritt mich leiten,
bis mein letzter Schritt getan.

Edith Stein

Vertrauen

den Aufbruch wagen
nur auf dein Wort hin

gegen alle Zweifel
gegen die Angst.
gegen den Augenschein
den ersten Schritt gehen
an deiner Seite

sei mein Begleiter
auf geraden Wegen
auf ungeraden Wegen
auf schmalen Wegen
auf Umwegen

sei mit mir unterwegs
bis zum Ziel

Udo Hahn

Trucker-Psalm

Mein Gott! Jetzt schau Dir das einmal an:
Was wollen die Leute von mir?
Ich werde bedrängt und angefeindet.
Niemandem kann ich es recht machen.
Manche benehmen sich, als wäre ich ihr Gegner oder Feind.
Andere meiden mich – nur weil ich so bin, wie ich bin.
Ich will mich nicht unterkriegen lassen!
Ich will aber auch nicht mit gleicher Münze heimzahlen.
Wenn ich auf Dich hoffe und mich Dir anvertraue, Gott,
wenn ich mich ganz auf Dich verlasse:
Was können mir Menschen dann schon anhaben ... ?
Ständig werden meine Worte verdreht.
Jeder hat etwas an mir auszusetzen.
Überall liegen sie auf der Lauer und überlegen,
wie sie mir das Leben noch schwerer machen können.
Soll das denn immer so weitergehen, Gott?
Du weißt, wie oft ich meine Wut unterdrücke
und dass ich manchmal den Tränen nahe bin.
Du kennst alle meine Gedanken – auch die heimlichsten!
Kannst Du nicht einmal dazwischenfahren, Herr?
Wenn ich zu Dir rufe – wirst Du mir Recht verschaffen?
Wenn ich mich mit Dir einlasse – stehst Du mir zur Seite?
Es ist gut, Herr: Ich will glauben!
Ich fange an, vor Menschen keine Angst mehr zu haben.
Du hältst mich!
Du rettest mich täglich aus den Fallstricken des Todes.
Du lässt mich nicht zur Hölle fahren!
Du bist wie ein guter Vater. Ich darf wissen: Du bist mir nahe!
Das Licht Deiner Liebe begleitet mich und hüllt mich ein.
Danke, Gott! Du hältst Ausschau nach mir und bist mit mir
auf meinem Weg.

Psalm 56 der Bibel nachempfunden von Pastor Michael Bülow

Segensgebet

Mögest du immer du selbst bleiben
mit deinen Stärken und Schwächen.
Mögest du deine Freiheit genießen,
dabei aber die Freiheit der anderen
respektieren und dir deiner eigenen
Grenzen bewusst sein.

Mögest du immer Freunde haben,
die dir den Rücken stärken
und mit deinen Eigenheiten umgehen können.

Mögest du entdecken,
dass du von Gott begleitet bist,
aber deinen Weg selber gehen darfst.

Hans Gilg

Das „Vaterunser"

Vater unser im Himmel,
geheiligt werde dein Name.

Dein Reich komme.
Dein Wille geschehe,
wie im Himmel, so auf Erden.

Unser tägliches Brot gib uns heute.
Und vergib uns unsere Schuld,
wie auch wir vergeben unsern Schuldigern.

Und führe uns nicht in Versuchung,
sondern erlöse uns von dem Bösen.

Denn dein ist das Reich und die Kraft
und die Herrlichkeit in Ewigkeit.

Amen.

Das „Gegrüßet seist du, Maria"

Gegrüßet seist du Maria,
voll der Gnade,
der Herr ist mit dir.

Du bist gebenedeit unter den Frauen,
und gebenedeit ist die Frucht deines Leibes,
Jesus.

Heilige Maria, Mutter Gottes,
bitte für uns Sünder
jetzt und in der Stunde unseres Todes.

Amen.

Gedenken an die Toten

Unsere Zeit ist in Gottes Händen

Wir kennen die Stunde nicht, in der unser Leben endet.
Doch jedes Jahr sterben Kolleginnen und Kollegen auf der Straße. Der Asphalt wird für Sie zur Totenbahre – weil sie auf der Autobahn, auf der Straße geblieben sind.
Übermüdung, Krankheit, das dichte Verkehrsaufkommen – auf den Tod können wir uns keinen Reim machen.
Wir hoffen, dass Du Gott in der Todesstunde ihr Licht warst und sie bei Dir einen Rastplatz finden.
Wir hoffen, dass die Trauernden wieder Trost finden,
dass sie mit dem Verlust leben können …
Wir hoffen, dass die Liebe dieser Menschen, Fahrerinnen und Fahrer bleibt …

… in Gottes Händen.

Trucker-Segensgebet

Allmächtiger Gott,

auf unserem Lebensweg bedrohen uns viele Gefahren.
Besonders in unserem Beruf sind wir auf Deine schützende Hand
in jeder Sekunde angewiesen.

Wir bitten Dich um deinen Segen für unsere Angehörigen zu Hause.
Da wir ständig unterwegs sind, bitten wir um Deinen Schutz für alle,
die uns wichtig sind.

Segne und begleite uns draußen auf der Straße, wo wir unserer
Arbeit nachgehen, und bei allem, was damit verbunden ist.
Schicke uns Deinen Heiligen Geist, so dass unser Geist stets wach bleibt,
dass er unser Reaktionsvermögen stärkt,
damit wir in jeder Situation schnell und richtig handeln.

Lass uns den Spanngurt, der uns mit Dir verbindet, stetig kontrollieren
und nachziehen, so dass wir uns daran festhalten können,
wenn wir den Boden unter den Füßen verlieren.

Stärke unseren Glauben im Alltag,
damit wir anderen, die Zweifel haben, zurufen können:
Amen, ich glaube!

Durch unseren heiligen Schutzpatron Christophorus bitten wir,
dass alle, die unterwegs sind, immer sicher und unbeschadet
an ihr Ziel kommen.

Lass uns nicht allein!
Fahre einfach bei uns mit!
Gib uns Deinen Segen!

Amen.

Sebastian Rauer

Das „Magnificat" – Lobgesang Mariens (Lk 1,46–55)

Meine Seele preist die Größe des Herrn,
und mein Geist jubelt über Gott, meinen Retter.
Denn auf die Niedrigkeit seiner Magd hat er geschaut.
Siehe, von nun an preisen mich selig alle Geschlechter.

Denn der Mächtige hat Großes an mir getan,
und sein Name ist heilig.
Er erbarmt sich von Geschlecht zu Geschlecht
über alle, die ihn fürchten.

Er vollbringt mit seinem Arm machtvolle Taten:
Er zerstreut, die im Herzen voll Hochmut sind.

Er stürzt die Mächtigen vom Thron
und erhöht die Niedrigen.

Die Hungernden beschenkt er mit seinen Gaben
und lässt die Reichen leer ausgehen.

Er nimmt sich seines Knechtes Israel an
und denkt an sein Erbarmen,
das er unseren Vätern verheißen hat,
Abraham und seinen Nachkommen auf ewig.

Ehre sei dem Vater und dem Sohn
und dem Heiligen Geist,
wie im Anfang, so auch jetzt und allezeit
und in Ewigkeit.

Amen.

Segenslied

Möge die Straße uns zusammenführen
und der Wind in deinem Rücken sein;
sanft falle Regen auf deine Felder
und warm auf dein Gesicht der Sonnenschein.

Refrain: Und bis wir uns wiedersehen,
halte Gott dich fest in seiner Hand;
und bis wir uns wiedersehen,
halte Gott dich fest in seiner Hand.

Führe die Straße, die du gehst,
immer nur zu deinem Ziel bergab;
hab', wenn es kühl wird, warme Gedanken
und den vollen Mond in dunkler Nacht.

(Refrain)

Hab unterm Kopf ein weiches Kissen,
habe Kleidung und das täglich Brot;
sei über vierzig Jahre im Himmel,
bevor der Teufel merkt, du bist schon tot.

(Refrain)

Bis wir uns mal wiedersehen,
hoffe ich, dass Gott dich nicht verlässt;
er halte dich in seinen Händen,
doch drücke seine Faust dich nie zu fest.

Lehre mich die Kunst der kleinen Schritte!

Ich bitte nicht um Wunder und Visionen, Herr, sondern um die Kraft für den Alltag. Lehre mich die Kunst der kleinen Schritte!

Mach mich findig und erfinderisch, um im täglichen Vielerlei und Allerlei rechtzeitig meine Erkenntnisse und Erfahrungen zu notieren, von denen ich besonders getroffen und betroffen bin.

Mach mich griffsicher in der richtigen Zeiteinteilung. Schenke mir das Fingerspitzengefühl, um herauszufinden, was erstrangig und was zweitrangig ist.

Ich bitte um die Kraft für Zucht und Maß, dass ich nicht durch das Leben rutsche, sondern den Tageslauf vernünftig einteile, auf Lichtblicke und Höhepunkte achte und wenigstens hin und wieder Zeit finde für einen kulturellen Genuss.

Lass mich erkennen, dass Träumereien nicht weiterhelfen, weder über die Vergangenheit noch über die Zukunft. Hilf mir, das Nächste so gut wie möglich zu tun und die einzige Stunde als die wichtigste zu erkennen.

Bewahre mich vor dem naiven Glauben, es müsste im Leben alles glatt gehen. Schenke mir die nüchterne Erkenntnis, dass Schwierigkeiten, Niederlagen, Misserfolge und Rückschläge eine selbstverständliche Zugabe zum Leben sind, durch die wir wachsen und reifen.

Erinnere mich daran, dass das Herz oft gegen den Verstand streikt. Schick mir im rechten Augenblick jemand, der den Mut hat, mir die Wahrheit in Liebe zu sagen.

Gib mir das tägliche Brot für Leib und Seele, eine Geste deiner Liebe, ein freundliches Echo und hin und wieder das Erlebnis, dass ich gebraucht werde.

Ich weiß, dass sich viele Probleme dadurch lösen, dass man nichts tut. Gib mir, dass ich warten kann.

Ich möchte dich und die anderen immer aussprechen lassen. Das Wichtigste sagt man sich nicht selbst, es wird einem gesagt.

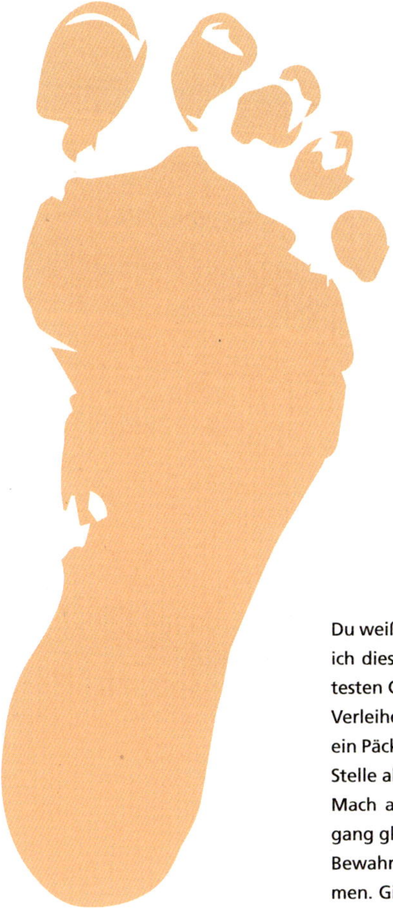

Du weißt, wie sehr wir der Freundschaft bedürfen. Gib, dass ich diesem schönsten, schwierigsten, riskantesten und zartesten Geschenk des Lebens gewachsen bin.
Verleihe mir die nötige Phantasie, im rechten Augenblick ein Päckchen Güte – mit oder ohne Worte – an der richtigen Stelle abzugeben.
Mach aus mir einen Menschen, der einem Schiff im Tiefgang gleicht, um auch die zu erreichen, die „unten" sind.
Bewahre mich vor der Angst, ich könnte das Leben versäumen. Gib mir nichts, was ich mir wünsche, sondern was ich brauche.
Lehre mich die Kunst der kleinen Schritte!

Antoine de Saint-Exupéry

Psalm 23 für vielbeschäftigte Menschen

Der Herr gibt mir für meine Arbeit das Tempo an.
Ich brauche nicht zu hetzen.
Er gibt mir immer wieder einen Augenblick der Stille,
eine Atempause,
in der ich zu mir komme.
Er stellt mir Bilder vor die Seele,
die mich sammeln
und mir Gelassenheit geben.
Oft lässt er mir mühelos irgendetwas gelingen,
und es überrascht mich selbst,
wie zuversichtlich ich sein kann.

Ich merke:
Wenn man sich diesem Herrn anvertraut,
bleibt das Herz ruhig.
Obwohl ich manchmal viel zu viel Arbeit habe,
brauche ich doch den Frieden nicht zu verlieren.
Er ist in jeder Stunde da und in allen Dingen,
und so verliert alles andere sein bedrohliches Gesicht.
Oft – mitten im Gedränge – gibt er mir das Erlebnis,
das mir Mut macht.
Das ist, als ob mir einer eine Erfrischung reichte,
und dann ist der Friede da und eine tiefe Geborgenheit.
Ich spüre, wie meine Kraft dabei wächst,
wie ich ausgeglichen werde
und mir mein Tagewerk gelingt.
Darüberhinaus ist es einfach schön zu wissen,
dass ich meinem Herrn auf der Spur
und dass ich, jetzt und immer,
bei ihm zu Hause bin.

Toki Miyaschina

Reisesegen

Der Herr sei vor dir

Der Herr sei vor dir,
um dir den rechten Weg zu zeigen.
Der Herr sei neben dir,
um dich in die Arme zu schließen
und dich zu schützen.
Der Herr sei hinter dir,
um dich zu bewahren
vor der Heimtücke böser Menschen.
Der Herr sei unter dir,
um dich aufzufangen, wenn du fällst,
und dich aus der Schlinge zu ziehen.
Der Herr sei in dir,
um dich zu trösten,
wenn du traurig bist.
Der Herr sei um dich herum,
um dich zu verteidigen,
wenn andere über dich herfallen.
Der Herr sei über dir,
um dich zu segnen.
So segne dich der gütige Gott

Altchristlicher Segenswunsch

Der Tag verlöscht

Der Tag verlöscht
und alles, was ich tat.
Soweit es Liebe war,
bleibt er für immer strahlend da.
Das andere, mein Herr,
Geliebter,
Gott,
mach vor dir ungeschehen,
in deinem alles wissenden Erbarmen.

Die Nacht steht wie ein Zelt
um alle Welt.
Ich höre, wie du darin sprichst
zum Menschen,
der im Schweigen auf dich lauscht.
Du redest jetzt zu mir,
wie es dir nie gelang,
weil ich dich nicht vernahm,
tagsüber im Getriebe.

Dank sei dir, Christus, Herr, mein Heil,
mein Licht,
für diese dunkle, reine stundenlose
Nacht,
in der ich ruhen kann in dir
mit allem, was ich bin und lieb und leide,
mit allen und mit allem,
was du mir gabst und mein ist,
alles ist auch dein.
Behüte es für dich,
Geliebter.

Amen.

Silja Walter

Mit Jesus unterwegs

Das Lukasevangelium ist nicht einfach vom Himmel gefallen. Da war ein Schriftsteller am Werk, der aus dem Glauben an Jesus Christus das Leben dieses Sohnes eines Zimmermanns als Heilsgeschichte zur Ermutigung der Christen damals beschrieben hat. Dieser Schriftsteller Lukas hat um 80 nach Christi Geburt bereits auf andere Erzählungen, Berichte und Evangelien zurückgegriffen, die in griechischen Übersetzungen vorlagen. Er lebte mit seinen Mitchristen in einer städtischen Umgebung im Vorderen Orient. Vielleicht dort, wo sich heute die südliche Türkei oder Syrien befindet. Mit seinem Evangelium hat Lukas wie kein anderes Evangelium das kirchliche Leben geprägt. Besonderes Anliegen des Lukasevangeliums ist es, Jesus als den Heiland der Armen zu zeichnen. Gottes Sympathie gilt den Armen, den Unterdrückten. So mahnt dieses Evangelium die Christen an ihre soziale Verantwortung. Dieses Evangelium überbringt vor allem die gute Botschaft, dass Gott auf der Seite des Menschen steht. So bleibt es bis heute aktuell.
Folgen wir der Botschaft des Lukas und gehen den Weg Jesu im eigenen Leben nach. Der Alltag des Lebens mit seinen Belastungen und seinen Kämpfen ist für Lukas der Weg zu einem gelingenden Leben als Glaubende. Jesus geht diesen Weg als „Anführer des Lebens" auch heute mit uns auf den Straßen dieser Welt.

Norbert Jungkunz

Die kostenlose BibelApp der neuen Einheitsübersetzung ist die beste Begleitung mit Gottes Wort. Ob auf einem Tablet oder mit einem Mobiltelefon, der Text der Heiligen Schrift kann schnell und komfortabel abgerufen und gelesen werden.

Das Evangelium nach Lukas

Das Vorwort

1 Schon viele haben es unternommen, einen Bericht über all das abzufassen, was sich unter uns ereignet und erfüllt hat. [2]Dabei hielten sie sich an die Überlieferung derer, die von Anfang an Augenzeugen und Diener des Wortes waren. [3]Nun habe auch ich mich entschlossen, allem von Grund auf sorgfältig nachzugehen, um es für dich, hochverehrter Theophilus, der Reihe nach aufzuschreiben. So kannst du dich von der Zuverlässigkeit der Lehre überzeugen, in der du unterwiesen wurdest.

Die Vorgeschichte

Die Verheißung der Geburt des Täufers 1,5-25

[5]Zur Zeit des Herodes, des Königs von Judäa, lebte ein Priester namens Zacharias, der zur Priesterklasse Abija gehörte. Seine Frau stammte aus dem Geschlecht Aarons; sie hieß Elisabet. [6]Beide lebten so, wie es in den Augen Gottes recht ist, und hielten sich in allem streng an die Gebote und Vorschriften des Herrn. [7]Sie hatten keine Kinder, denn Elisabet war unfruchtbar, und beide waren schon in vorgerücktem Alter.

[8]Eines Tages, als seine Priesterklasse wieder an der Reihe war und er beim Gottesdienst mitzuwirken hatte, [9]wurde, wie nach der Priesterordnung üblich, das Los geworfen, und Zacharias fiel die Aufgabe zu, im Tempel des Herrn das Rauchopfer darzubringen. [10]Während er nun zur festgelegten Zeit das Opfer darbrachte, stand das ganze Volk draußen und betete. [11]Da erschien dem Zacharias ein Engel des Herrn; er stand auf der rechten Seite des Rauchopferaltars. [12]Als Zacharias ihn sah, erschrak er und es befiel ihn Furcht. [13]Der Engel aber sagte zu ihm: Fürchte dich nicht, Zacharias! Dein Gebet ist erhört worden. Deine Frau Elisa-

Diese Worte gelten Dir: Fürchte Dich nicht! Bleibe hoffnungsvoll!

bet wird dir einen Sohn gebären; dem sollst du den Namen
Johannes geben. [14]Große Freude wird dich erfüllen und
auch viele andere werden sich über seine Geburt freuen.
[15]Denn er wird groß sein vor dem Herrn. Wein und andere
berauschende Getränke wird er nicht trinken und schon im
Mutterleib wird er vom Heiligen Geist erfüllt sein. [16]Viele
Israeliten wird er zum Herrn, ihrem Gott, bekehren. [17]Er
wird mit dem Geist und mit der Kraft des Elija dem Herrn
vorangehen, um das Herz der Väter wieder den Kindern
zuzuwenden und die Ungehorsamen zur Gerechtigkeit zu
führen und so das Volk für den Herrn bereit zu machen.
[18]Zacharias sagte zu dem Engel: Woran soll ich erkennen,
dass das wahr ist? Ich bin ein alter Mann und auch meine
Frau ist in vorgerücktem Alter. [19]Der Engel erwiderte ihm:
Ich bin Gabriel, der vor Gott steht, und ich bin gesandt
worden, um mit dir zu reden und dir diese frohe Botschaft
zu bringen. [20]Aber weil du meinen Worten nicht geglaubt
hast, die in Erfüllung gehen, wenn die Zeit dafür da ist,
sollst du stumm sein und nicht mehr reden können bis zu
dem Tag, an dem all das eintrifft. [21]Inzwischen wartete das
Volk auf Zacharias und wunderte sich, dass er so lange im
Tempel blieb. [22]Als er dann herauskam, konnte er nicht mit
ihnen sprechen. Da merkten sie, dass er im Tempel eine Erscheinung gehabt hatte. Er gab ihnen nur Zeichen mit der
Hand und blieb stumm.

Die unfruchtbare Frau,
die gebären wird
– ein Bild der Hoffnung!

[23]Als die Tage seines Dienstes (im Tempel) zu Ende waren,
kehrte er nach Hause zurück. [24]Bald darauf empfing seine
Frau Elisabet einen Sohn und lebte fünf Monate lang zurückgezogen. Sie sagte: [25]Der Herr hat mir geholfen; er hat
in diesen Tagen gnädig auf mich geschaut und mich von der
Schande befreit, mit der ich in den Augen der Menschen
beladen war.

Die Verheißung der Geburt Jesu 1,26-38

[26]Im sechsten Monat wurde der Engel Gabriel von Gott in
eine Stadt in Galiläa namens Nazaret
[27]zu einer Jungfrau gesandt. Sie war mit einem Mann namens Josef verlobt, der aus dem Haus David stammte. Der
Name der Jungfrau war Maria. [28]Der Engel trat bei ihr ein

und sagte: Sei gegrüßt, du Begnadete, der Herr ist mit dir.
[29]Sie erschrak über die Anrede und überlegte, was dieser
Gruß zu bedeuten habe. [30]Da sagte der Engel zu ihr: Fürch-
te dich nicht, Maria; denn du hast bei Gott Gnade gefun-
den. [31]Du wirst ein Kind empfangen, einen Sohn wirst du
gebären: dem sollst du den Namen Jesus geben. [32]Er wird
groß sein und Sohn des Höchsten genannt werden. Gott,
der Herr, wird ihm den Thron seines Vaters David geben.
[33]Er wird über das Haus Jakob in Ewigkeit herrschen und
seine Herrschaft wird kein Ende haben. [34]Maria sagte zu
dem Engel: Wie soll das geschehen, da ich keinen Mann er-
kenne? [35]Der Engel antwortete ihr: Der Heilige Geist wird
über dich kommen, und die Kraft des Höchsten wird dich
überschatten. Deshalb wird auch das Kind heilig und Sohn
Gottes genannt werden. [36]Auch Elisabet, deine Verwandte,
hat noch in ihrem Alter einen Sohn empfangen; obwohl sie
als unfruchtbar galt, ist sie jetzt schon im sechsten Monat.
[37]Denn für Gott ist nichts unmöglich. [38]Da sagte Maria: Ich
bin die Magd des Herrn; mir geschehe, wie du es gesagt
hast. Danach verließ sie der Engel.

Der Besuch Marias bei Elisabet 1,39-56

[39]Nach einigen Tagen machte sich Maria auf den Weg und
eilte in eine Stadt im Bergland von Judäa. [40]Sie ging in das
Haus des Zacharias und begrüßte Elisabet. [41]Als Elisabet den
Gruß Marias hörte, hüpfte das Kind in ihrem Leib. Da wur-
de Elisabet vom Heiligen Geist erfüllt [42]und rief mit lauter
Stimme: Gesegnet bist du mehr als alle anderen Frauen und
gesegnet ist die Frucht deines Leibes. [43]Wer bin ich, dass die
Mutter meines Herrn zu mir kommt? [44]In dem Augenblick,
als ich deinen Gruß hörte, hüpfte das Kind vor Freude in
meinem Leib. [45]Selig ist die, die geglaubt hat, dass sich er-
füllt, was der Herr ihr sagen ließ.
[46]Da sagte Maria:

Meine Seele preist die Größe des Herrn,.
[47]und mein Geist jubelt über Gott, meinen Retter.
[48]Denn auf die Niedrigkeit seiner Magd hat er geschaut. /
Siehe, von nun an preisen mich selig alle Geschlechter.
[49]Denn der Mächtige hat Großes an mir getan /

und sein Name ist heilig.
[50]Er erbarmt sich von Geschlecht zu Geschlecht /
über alle, die ihn fürchten.
[51]Er vollbringt mit seinem Arm machtvolle Taten: /
Er zerstreut, die im Herzen voll Hochmut sind;
[52]er stürzt die Mächtigen vom Thron /
und erhöht die Niedrigen.
[53]Die Hungernden beschenkt er mit seinen Gaben /
und lässt die Reichen leer ausgehen.
[54]Er nimmt sich seines Knechtes Israel an /
und denkt an sein Erbarmen,
[55]das er unsern Vätern verheißen hat, /
Abraham und seinen Nachkommen auf ewig.
[56]Und Maria blieb etwa drei Monate bei ihr; dann kehrte sie
nach Hause zurück.

Wie gehe ich mit Reichtum und Besitz um? Wie behandle ich die „Armen"? Das Reich Gottes bricht an – die Umkehrung der politisch ungerechten Verhältnisse – auch heute?

Die Geburt des Täufers 1,57-80
[57]Für Elisabet kam die Zeit der Niederkunft und sie brachte
einen Sohn zur Welt.
[58]Ihre Nachbarn und Verwandten hörten, welch großes Er-
barmen der Herr ihr erwiesen hatte, und freuten sich mit
ihr. [59]Am achten Tag kamen sie zur Beschneidung des Kin-
des und wollten ihm den Namen seines Vaters Zacharias
geben. [60]Seine Mutter aber widersprach ihnen und sagte:
Nein, er soll Johannes heißen. [61]Sie antworteten ihr: Es gibt
doch niemand in deiner Verwandtschaft, der so heißt. [62]Da
fragten sie seinen Vater durch Zeichen, welchen Namen das
Kind haben solle. [63]Er verlangte ein Schreibtäfelchen und
schrieb zum Erstaunen aller darauf: Sein Name ist Johannes.
[64]Im gleichen Augenblick konnte er Mund und Zunge wie-
der gebrauchen, und er redete und pries Gott. [65]Und alle,
die in jener Gegend wohnten, erschraken und man sprach
von all diesen Dingen im ganzen Bergland von Judäa.
[66]Alle, die davon hörten, machten sich Gedanken darüber
und sagten: Was wird wohl aus diesem Kind werden? Denn
es war deutlich, dass die Hand des Herrn mit ihm war.

Was bedeutet (Dir) Dein Name?

„Finsternis kann keine Finsternis vertreiben. Das gelingt nur dem Licht. Hass kann den Hass nicht austreiben. Das gelingt nur der Liebe." (Martin Luther King)

67 Sein Vater Zacharias wurde vom Heiligen Geist erfüllt und begann prophetisch zu reden:

68 Gepriesen sei der Herr, der Gott Israels! /
Denn er hat sein Volk besucht und ihm Erlösung geschaffen;
69 er hat uns einen starken Retter erweckt /
im Hause seines Knechtes David.
70 So hat er verheißen von alters her /
durch den Mund seiner heiligen Propheten.
71 Er hat uns errettet vor unseren Feinden /
und aus der Hand aller, die uns hassen;
72 er hat das Erbarmen mit den Vätern an uns vollendet /
und an seinen heiligen Bund gedacht,
73 an den Eid, den er unserm Vater Abraham geschworen hat; /
74 er hat uns geschenkt, dass wir, aus Feindeshand befreit, /
ihm furchtlos dienen
75 in Heiligkeit und Gerechtigkeit /
vor seinem Angesicht all unsre Tage.
76 Und du, Kind, wirst Prophet des Höchsten heißen; /
denn du wirst dem Herrn vorangehen und ihm den Weg bereiten.
77 Du wirst sein Volk mit der Erfahrung des Heils beschenken /
in der Vergebung der Sünden.
78 Durch die barmherzige Liebe unseres Gottes /
wird uns besuchen das aufstrahlende Licht aus der Höhe,
79 um allen zu leuchten, die in Finsternis sitzen und im Schatten des Todes, /
und unsre Schritte zu lenken auf den Weg des Friedens.

80 Das Kind wuchs heran und sein Geist wurde stark. Und Johannes lebte in der Wüste bis zu dem Tag, an dem er den Auftrag erhielt, in Israel aufzutreten.

Die Geburt Jesu 1-20

2 In jenen Tagen erließ Kaiser Augustus den Befehl, alle
Bewohner des Reiches in Steuerlisten einzutragen. 2Dies
geschah zum ersten Mal; damals war Quirinius Statthalter
von Syrien. 3Da ging jeder in seine Stadt, um sich eintragen
zu lassen.
4So zog auch Josef von der Stadt Nazaret in Galiläa hinauf
nach Judäa in die Stadt Davids, die Betlehem heißt; denn
er war aus dem Haus und Geschlecht Davids. 5Er wollte sich
eintragen lassen mit Maria, seiner Verlobten, die ein Kind
erwartete. 6Als sie dort waren, kam für Maria die Zeit ihrer
Niederkunft, 7und sie gebar ihren Sohn, den Erstgeborenen.
Sie wickelte ihn in Windeln und legte ihn in eine Krippe,
weil in der Herberge kein Platz für sie war.
8In jener Gegend lagerten Hirten auf freiem Feld und hiel-
ten Nachtwache bei ihrer Herde.
9Da trat der Engel des Herrn zu ihnen und der Glanz des
Herrn umstrahlte sie. Sie fürchteten sich sehr, 10der Engel
aber sagte zu ihnen: Fürchtet euch nicht, denn ich verkün-
de euch eine große Freude, die dem ganzen Volk zuteil
werden soll: 11Heute ist euch in der Stadt Davids der Retter
geboren; er ist der Messias, der Herr. 12Und das soll euch als
Zeichen dienen: Ihr werdet ein Kind finden, das, in Win-
deln gewickelt, in einer Krippe liegt. 13Und plötzlich war bei
dem Engel ein großes himmlisches Heer, das Gott lobte und
sprach:
14Verherrlicht ist Gott in der Höhe /
und auf Erden ist Friede /
bei den Menschen seiner Gnade.

Gott wird Mensch.

Gott lässt sich auf die Lebensgeschichten von Menschen ein. In Jesus erlebt er die Schicksale von Menschen. Unmittelbar nach seiner Geburt muss er fliehen, weil sein Leben bedroht wird. Später als junger Mann verdient er sich den Lebensunterhalt als Bauhandwerker. Er beginnt dann von der Liebe Gottes zu erzählen. Menschen, die damals durch Krankheit, Armut, Ungerechtigkeiten und Verfehlungen aus der Gesellschaft ausgeschlossen waren, hat er sich zugewandt und ihnen die Liebe Gottes spürbar werden lassen. So wendet er sich auch heute Menschen zu und ist unsichtbar bei ihnen. Er ist bei mir, wenn ich allein in meinem Fahrerhaus unterwegs bin, wenn ich meine Familie vermisse, wenn ich wieder gut nach Hause komme, wenn ich anständig an Abladestellen behandelt werde, wenn ich jemanden treffe, der meine Sorgen und Nöte anhört und versteht.

Josef Krebs

15Als die Engel sie verlassen hatten und in den Himmel zu-
rückgekehrt waren, sagten die Hirten zueinander: Kommt,
wir gehen nach Betlehem, um das Ereignis zu sehen, das
uns der Herr verkünden ließ. 16So eilten sie hin und fanden
Maria und Josef und das Kind, das in der Krippe lag. 17Als sie
es sahen, erzählten sie, was ihnen über dieses Kind gesagt
worden war. 18Und alle, die es hörten, staunten über die
Worte der Hirten. 19Maria aber bewahrte alles, was gesche-
hen war, in ihrem Herzen und dachte darüber nach. 20Die
Hirten kehrten zurück, rühmten Gott und priesen ihn für
das, was sie gehört und gesehen hatten; denn alles war so
gewesen, wie es ihnen gesagt worden war.

Das Zeugnis des Simeon und der Hanna über Jesus 2,21-40

21Als acht Tage vorüber waren und das Kind beschnitten wer-
den sollte, gab man ihm den Namen Jesus, den der Engel
genannt hatte, noch ehe das Kind im Schoß seiner Mutter
empfangen wurde. 22Dann kam für sie der Tag der vom Gesetz
des Mose vorgeschriebenen Reinigung. Sie brachten das Kind
nach Jerusalem hinauf, um es dem Herrn zu weihen, 23gemäß
dem Gesetz des Herrn, in dem es heißt: Jede männliche Erst-
geburt soll dem Herrn geweiht sein. 24Auch wollten sie ihr Op-
fer darbringen, wie es das Gesetz des Herrn vorschreibt: ein
Paar Turteltauben oder zwei junge Tauben. 25In Jerusalem
lebte damals ein Mann namens Simeon. Er war gerecht und
fromm und wartete auf die Rettung Israels und der Heilige
Geist ruhte auf ihm. 26Vom Heiligen Geist war ihm offenbart
worden, er werde den Tod nicht schauen, ehe er den Messias
des Herrn gesehen habe. 27Jetzt wurde er vom Geist in den
Tempel geführt; und als die Eltern Jesus hereinbrachten, um
zu erfüllen, was nach dem Gesetz üblich war, 28nahm Simeon
das Kind in seine Arme und pries Gott mit den Worten:

29Nun lässt du, Herr, deinen Knecht, /
wie du gesagt hast, in Frieden scheiden.
30Denn meine Augen haben das Heil gesehen, /
31das du vor allen Völkern bereitet hast,
32ein Licht, das die Heiden erleuchtet, /
und Herrlichkeit für dein Volk Israel.

33 Sein Vater und seine Mutter staunten über die Worte, die
über Jesus gesagt wurden. 34 Und Simeon segnete sie und
sagte zu Maria, der Mutter Jesu: Dieser ist dazu bestimmt,
dass in Israel viele durch ihn zu Fall kommen und viele auf-
gerichtet werden, und er wird ein Zeichen sein, dem wider-
sprochen wird. 35 Dadurch sollen die Gedanken vieler Men-
schen offenbar werden. Dir selbst aber wird ein Schwert
durch die Seele dringen.
36 Damals lebte auch eine Prophetin namens Hanna, eine
Tochter Penuëls, aus dem Stamm Ascher. Sie war schon
hochbetagt. Als junges Mädchen hatte sie geheiratet und
sieben Jahre mit ihrem Mann gelebt; 37 nun war sie eine
Witwe von vierundachtzig Jahren. Sie hielt sich ständig im
Tempel auf und diente Gott Tag und Nacht mit Fasten und
Beten. 38 In diesem Augenblick nun trat sie hinzu, pries Gott
und sprach über das Kind zu allen, die auf die Erlösung Je-
rusalems warteten.
39 Als seine Eltern alles getan hatten, was das Gesetz des
Herrn vorschreibt, kehrten sie nach Galiläa in ihre Stadt Na-
zaret zurück. 40 Das Kind wuchs heran und wurde kräftig;
Gott erfüllte es mit Weisheit und seine Gnade ruhte auf ihm.

Der zwölfjährige Jesus im Tempel 2,41-52

41 Die Eltern Jesu gingen jedes Jahr zum Paschafest nach Je-
rusalem. 42 Als er zwölf Jahre alt geworden war, zogen sie
wieder hinauf, wie es dem Festbrauch entsprach. 43 Nach-
dem die Festtage zu Ende waren, machten sie sich auf den
Heimweg. Der junge Jesus aber blieb in Jerusalem, ohne
dass seine Eltern es merkten. 44 Sie meinten, er sei irgend-
wo in der Pilgergruppe, und reisten eine Tagesstrecke weit;
dann suchten sie ihn bei den Verwandten und Bekannten.
45 Als sie ihn nicht fanden, kehrten sie nach Jerusalem zurück
und suchten ihn dort. 46 Nach drei Tagen fanden sie ihn im
Tempel; er saß mitten unter den Lehrern, hörte ihnen zu
und stellte Fragen. 47 Alle, die ihn hörten, waren erstaunt
über sein Verständnis und über seine Antworten. 48 Als seine
Eltern ihn sahen, waren sie sehr betroffen und seine Mutter
sagte zu ihm: Kind, wie konntest du uns das antun? Dein
Vater und ich haben dich voll Angst gesucht. 49 Da sagte

Jugendlicher – Ausreißer –
Was ist mir so wichtig?

er zu ihnen: Warum habt ihr mich gesucht? Wusstet ihr
nicht, dass ich in dem sein muss, was meinem Vater gehört?
[50]Doch sie verstanden nicht, was er damit sagen wollte.
[51]Dann kehrte er mit ihnen nach Nazaret zurück und war ih-
nen gehorsam. Seine Mutter bewahrte alles, was geschehen
war, in ihrem Herzen. [52]Jesus aber wuchs heran und seine
Weisheit nahm zu und er fand Gefallen bei Gott und den
Menschen.

Die Vorbereitung des Wirkens Jesu

Johannes der Täufer 3,1-20

3 Es war im fünfzehnten Jahr der Regierung des Kaisers
Tiberius; Pontius Pilatus war Statthalter von Judäa,
Herodes Tetrarch von Galiläa, sein Bruder Philippus Tetrarch
von Ituräa und Trachonitis, Lysanias Tetrarch von Abilene;
[2]Hohepriester waren Hannas und Kajaphas. Da erging in
der Wüste das Wort Gottes an Johannes, den Sohn des Za-
charias.
[3]Und er zog in die Gegend am Jordan und verkündigte dort
überall Umkehr und Taufe zur Vergebung der Sünden. [4](So
erfüllte sich,) was im Buch der Reden des Propheten Jesaja
steht:

Eine Stimme ruft in der Wüste: /
Bereitet dem Herrn den Weg! /
Ebnet ihm die Straßen!
[5]*Jede Schlucht soll aufgefüllt werden, /*
jeder Berg und Hügel sich senken. Was krumm ist,
soll gerade werden, /
was uneben ist, soll zum ebenen Weg werden.
[6]*Und alle Menschen werden das Heil sehen,*
das von Gott kommt.

[7]Das Volk zog in Scharen zu ihm hinaus, um sich von ihm
taufen zu lassen. Er sagte zu ihnen: Ihr Schlangenbrut, wer
hat euch denn gelehrt, dass ihr dem kommenden Gericht
entrinnen könnt? [8]Bringt Früchte hervor, die eure Umkehr
zeigen, und fangt nicht an zu sagen: Wir haben ja Abraham
zum Vater. Denn ich sage euch: Gott kann aus diesen Steinen

Kinder Abrahams machen. 9 Schon ist die Axt an die Wurzel
der Bäume gelegt; jeder Baum, der keine gute Frucht her-
vorbringt, wird umgehauen und ins Feuer geworfen.
10 Da fragten ihn die Leute: Was sollen wir also tun? 11 Er ant-
wortete ihnen: Wer zwei Gewänder hat, der gebe eines da-
von dem, der keines hat, und wer zu essen hat, der handle
ebenso. 12 Es kamen auch Zöllner zu ihm, um sich taufen zu
lassen, und fragten: Meister, was sollen wir tun? 13 Er sagte
zu ihnen: Verlangt nicht mehr, als festgesetzt ist. 14 Auch Sol-
daten fragten ihn: Was sollen denn wir tun? Und er sagte
zu ihnen: Misshandelt niemand, erpresst niemand, begnügt
euch mit eurem Sold!
15 Das Volk war voll Erwartung und alle überlegten im
Stillen, ob Johannes nicht vielleicht selbst der Messias sei.
16 Doch Johannes gab ihnen allen zur Antwort: Ich taufe
euch nur mit Wasser. Es kommt aber einer, der stärker ist als
ich, und ich bin es nicht wert, ihm die Schuhe aufzuschnü-
ren. Er wird euch mit dem Heiligen Geist und mit Feuer tau-
fen 17 Schon hält er die Schaufel in der Hand, um die Spreu
vom Weizen zu trennen und den Weizen in seine Scheu-
ne zu bringen; die Spreu aber wird er in nie erlöschendem
Feuer verbrennen. 18 Mit diesen und vielen anderen Worten
ermahnte er das Volk in seiner Predigt.
19 Johannes tadelte auch den Tetrarchen Herodes wegen
(der Sache mit) Herodias, der Frau seines Bruders, und we-
gen all der anderen Schandtaten, die er verübt hatte. 20 Des-
halb ließ Herodes Johannes ins Gefängnis werfen und lud
so noch mehr Schuld auf sich.

Da sagt endlich einer, wo es langgeht und legt sich mit den Mächtigen an. Glauben macht MUT.

Die Taufe Jesu: 3,21-22

21 Zusammen mit dem ganzen Volk ließ auch Jesus sich tau-
fen. Und während er betete, öffnete sich der Himmel, 22 und
der Heilige Geist kam sichtbar in Gestalt einer Taube auf ihn
herab, und eine Stimme aus dem Himmel sprach: Du bist
mein geliebter Sohn, an dir habe ich Gefallen gefunden.

Die Vorfahren Jesu: 3,23-38

23 Jesus war etwa dreißig Jahre alt, als er zum ersten Mal
öffentlich auftrat. Man hielt ihn für den Sohn Josefs. Die

Und meine Sippschaft? Kenne ich meinen Stammbaum? Ist mir Familie wichtig?

Vorfahren Josefs waren: Eli, 24Mattat, Levi, Melchi, Jannai,
Josef, 25Mattitja, Amos, Nahum, Hesli, Naggai, 26Mahat,
Mattitja, Schimi, Josech, Joda, 27Johanan, Resa, Serubba-
bel, Schealtiël, Neri, 28Melchi, Addi, Kosam, Elmadam, Er,
29Joschua, Eliëser, Jorim, Mattat, Levi, 30Simeon, Juda, Jo-
sef, Jonam, Eljakim, 31Melea, Menna, Mattata, Natan, David,
32Isai, Obed, Boas, Salmon, Nachschon, 33Amminadab, Admin,
Arni, Hezron, Perez, Juda, 34Jakob, Isaak, Abraham, Terach,
Nahor, 35Serug, Regu, Peleg, Eber, Schelach, 36Kenan, Arpach-
schad, Sem, Noach, Lamech, 37Metuschelach, Henoch, Jered,
Mahalalel, Kenan, 38Enosch, Set, Adam; (der stammte von) Gott.

Die Versuchung Jesu 4,1-13

4 Erfüllt vom Heiligen Geist, verließ Jesus die Jordange-
gend. Darauf führte ihn der Geist vierzig Tage lang
in der Wüste umher, 2und dabei wurde Jesus vom Teufel
in Versuchung geführt. Die ganze Zeit über aß er nichts;
als aber die vierzig Tage vorüber waren, hatte er Hunger.
3Da sagte der Teufel zu ihm: Wenn du Gottes Sohn bist, so
befiehl diesem Stein, zu Brot zu werden. 4Jesus antworte-
te ihm: In der Schrift heißt es: Der Mensch lebt nicht nur
von Brot. 5Da führte ihn der Teufel (auf einen Berg) hinauf
und zeigte ihm in einem einzigen Augenblick alle Reiche
der Erde. 6Und er sagte zu ihm: All die Macht und Herr-
lichkeit dieser Reiche will ich dir geben; denn sie sind mir
überlassen und ich gebe sie, wem ich will. 7Wenn du dich
vor mir niederwirfst und mich anbetest, wird dir alles ge-
hören. 8Jesus antwortete ihm: In der Schrift steht: Vor dem
Herrn, deinem Gott, sollst du dich niederwerfen und ihm
allein dienen. 9Darauf führte ihn der Teufel nach Jerusalem,
stellte ihn oben auf den Tempel und sagte zu ihm: Wenn
du Gottes Sohn bist, so stürz dich von hier hinab; 10denn es
heißt in der Schrift:
Seinen Engeln befiehlt er, dich zu behüten;
11und: Sie werden dich auf ihren Händen tragen, /
damit dein Fuß nicht an einen Stein stößt.
12Da antwortete ihm Jesus: Die Schrift sagt: Du sollst den

Herrn, deinen Gott, nicht auf die Probe stellen. [13]Nach diesen
Versuchungen ließ der Teufel für eine gewisse Zeit von ihm ab.

Klarstellung – klar Stellung beziehen – der Versuchung widerstehen!

Das Wirken Jesu in Galiläa

Erstes Auftreten in Galiläa 4,14-15

[14]Jesus kehrte, erfüllt von der Kraft des Geistes, nach Galiläa
zurück. Und die Kunde von ihm verbreitete sich in der gan-
zen Gegend. [15]Er lehrte in den Synagogen und wurde von
allen gepriesen.

Die Ablehnung Jesu in seiner Heimat 4,16-30

[16]So kam er auch nach Nazaret, wo er aufgewachsen war,
und ging, wie gewohnt, am Sabbat in die Synagoge. Als er
aufstand, um aus der Schrift vorzulesen, [17]reichte man ihm
das Buch des Propheten Jesaja. Er schlug das Buch auf und
fand die Stelle, wo es heißt:

> *[18]Der Geist des Herrn ruht auf mir; /*
> *denn der Herr hat mich gesalbt.*
> *Er hat mich gesandt, /*
> *damit ich den Armen eine gute Nachricht bringe;*
> *damit ich den Gefangenen die Entlassung verkünde /*
> *und den Blinden das Augenlicht;*
> *damit ich die Zerschlagenen in Freiheit setze*
> *[19]und ein Gnadenjahr des Herrn ausrufe.*

[20]Dann schloss er das Buch, gab es dem Synagogendiener
und setzte sich. Die Augen aller in der Synagoge waren auf
ihn gerichtet. [21]Da begann er, ihnen darzulegen: Heute hat
sich das Schriftwort, das ihr eben gehört habt, erfüllt. [22]Sei-
ne Rede fand bei allen Beifall; sie staunten darüber, wie be-
gnadet er redete, und sagten: Ist das nicht der Sohn Josefs?
[23]Da entgegnete er ihnen: Sicher werdet ihr mir das Sprich-
wort vorhalten: Arzt, heile dich selbst! Wenn du in Kafar-
naum so große Dinge getan hast, wie wir gehört haben,
dann tu sie auch hier in deiner Heimat! [24]Und er setzte hin-
zu: Amen, das sage ich euch: Kein Prophet wird in seiner
Heimat anerkannt. [25]Wahrhaftig, das sage ich euch: In Israel
gab es viele Witwen in den Tagen des Elija, als der Himmel
für drei Jahre und sechs Monate verschlossen war und eine
große Hungersnot über das ganze Land kam. [26]Aber zu kei-

Diesem Programm folgen – Deinem Leben Sinn geben!

ner von ihnen wurde Elija gesandt, nur zu einer Witwe in
Sarepta bei Sidon. 27Und viele Aussätzige gab es in Israel zur
Zeit des Propheten Elischa. Aber keiner von ihnen wurde
geheilt, nur der Syrer Naaman. 28Als die Leute in der Syn-
agoge das hörten, gerieten sie alle in Wut. 29Sie sprangen
auf und trieben Jesus zur Stadt hinaus; sie brachten ihn an
den Abhang des Berges, auf dem ihre Stadt erbaut war, und
wollten ihn hinabstürzen. 30Er aber schritt mitten durch die
Menge hindurch und ging weg.

Jesus in der Synagoge von Kafarnaum 4,31-37

31Jesus ging hinab nach Kafarnaum, einer Stadt in Galiläa,
und lehrte die Menschen am Sabbat. 32Sie waren sehr be-
troffen von seiner Lehre, denn er redete mit (göttlicher)
Vollmacht.
33In der Synagoge saß ein Mann, der von einem Dämon,
einem unreinen Geist, besessen war. Der begann laut zu
schreien: 34Was haben wir mit dir zu tun, Jesus von Naza-
ret? Bist du gekommen, um uns ins Verderben zu stürzen?
Ich weiß, wer du bist: der Heilige Gottes! 35Da befahl ihm
Jesus: Schweig und verlass ihn! Der Dämon warf den Mann
mitten in der Synagoge zu Boden und verließ ihn, ohne ihn
jedoch zu verletzen. 36Da waren alle erstaunt und erschro-
cken und einer fragte den andern: Was ist das für ein Wort?
Mit Vollmacht und Kraft befiehlt er den unreinen Geistern,
und sie fliehen. 37Und sein Ruf verbreitete sich in der gan-
zen Gegend.

Die Heilung der Schwiegermutter des Petrus 4,38-39

38Jesus stand auf, verließ die Synagoge und ging in das Haus
des Simon. Die Schwiegermutter des Simon hatte hohes
Fieber und sie baten ihn ihr zu helfen. 39Er trat zu ihr hin,
beugte sich über sie und befahl dem Fieber zu weichen. Da
wich es von ihr und sie stand sofort auf und sorgte für sie.

Die Heilung von Besessenen und Kranken 4,40-41

40Als die Sonne unterging, brachten die Leute ihre Kranken,
die alle möglichen Leiden hatten, zu Jesus. Er legte jedem
Kranken die Hände auf und heilte alle. 41Von vielen fuhren

auch Dämonen aus und schrien: Du bist der Sohn Gottes! Da fuhr er sie schroff an und ließ sie nicht reden; denn sie wussten, dass er der Messias war.

Aufbruch aus Kafarnaum 4,42-44

[42]Bei Tagesanbruch verließ er die Stadt und ging an einen
einsamen Ort. Aber die Menschen suchten ihn, und als sie
ihn fanden, wollten sie ihn daran hindern wegzugehen.
[43]Er sagte zu ihnen: Ich muss auch den anderen Städten das
Evangelium vom Reich Gottes verkünden; denn dazu bin ich
gesandt worden. [44]Und er predigte in den Synagogen Judäas.

Die Berufung der ersten Jünger 5,1-11

5 Als Jesus am Ufer des Sees Gennesaret stand, drängte sich
das Volk um ihn und wollte das Wort Gottes hören. [2]Da sah
er zwei Boote am Ufer liegen. Die Fischer waren ausgestiegen
und wuschen ihre Netze. [3]Jesus stieg in das Boot, das dem Si-
mon gehörte, und bat ihn, ein Stück weit vom Land wegzu-
fahren. Dann setzte er sich und lehrte das Volk vom Boot aus.
[4]Als er seine Rede beendet hatte, sagte er zu Simon: Fahr hin-
aus auf den See! Dort werft eure Netze zum Fang aus! [5]Simon
antwortete ihm: Meister, wir haben die ganze Nacht gearbei-
tet und nichts gefangen. Doch wenn du es sagst, werde ich die
Netze auswerfen. [6]Das taten sie, und sie fingen eine so große
Menge Fische, dass ihre Netze zu reißen drohten. [7]Deshalb
winkten sie ihren Gefährten im anderen Boot, sie sollten kom-
men und ihnen helfen. Sie kamen und gemeinsam füllten sie
beide Boote bis zum Rand, sodass sie fast untergingen. [8]Als Si-
mon Petrus das sah, fiel er Jesus zu Füßen und sagte: Herr, geh
weg von mir; ich bin ein Sünder. [9]Denn er und alle seine Be-
gleiter waren erstaunt und erschrocken, weil sie so viele Fische
gefangen hatten; [10]ebenso ging es Jakobus und Johannes, den
Söhnen des Zebedäus, die mit Simon zusammenarbeiteten. Da
sagte Jesus zu Simon: Fürchte dich nicht! Von jetzt an wirst du
Menschen fangen. [11]Und sie zogen die Boote an Land, ließen
alles zurück und folgten ihm nach.

Die Heilung eines Aussätzigen 5,12-16

[12]Als Jesus in einer der Städte war, kam ein Mann, der am
ganzen Körper Aussatz hatte. Sobald er Jesus sah, warf er
sich vor ihm zu Boden und bat ihn: Herr, wenn du willst,
kannst du machen, dass ich rein werde. [13]Da streckte Jesus
die Hand aus, berührte ihn und sagte: Ich will es – werde
rein! Im gleichen Augenblick verschwand der Aussatz. [14]Je-
sus befahl ihm: Erzähl niemand davon, sondern geh, zeig
dich dem Priester und bring das Reinigungsopfer dar, wie
es Mose angeordnet hat. Das soll für sie ein Beweis (deiner
Heilung) sein.
[15]Sein Ruf verbreitete sich immer mehr, sodass die Menschen
von überall herbeiströmten. Sie alle wollten ihn hören und
von ihren Krankheiten geheilt werden. [16]Doch er zog sich
an einen einsamen Ort zurück, um zu beten.

Orte finden zum Krafttanken – tief drinnen – Seelenkraft.

Die Heilung eines Gelähmten 5,17-26

[17]Eines Tages, als Jesus wieder lehrte, saßen unter den Zuhö-
rern auch Pharisäer und Gesetzeslehrer; sie waren aus allen
Dörfern Galiläas und Judäas und aus Jerusalem gekommen.
Und die Kraft des Herrn drängte ihn dazu, zu heilen.
[18]Da brachten einige Männer einen Gelähmten auf einer
Tragbahre. Sie wollten ihn ins Haus bringen und vor Jesus
hinlegen. [19]Weil es ihnen aber wegen der vielen Leute nicht
möglich war, ihn hineinzubringen, stiegen sie aufs Dach,
deckten die Ziegel ab und ließen ihn auf seiner Tragbah-
re in die Mitte des Raumes hinunter, genau vor Jesus hin.
[20]Als er ihren Glauben sah, sagte er zu dem Mann: Deine
Sünden sind dir vergeben. [21]Da dachten die Schriftgelehrten
und die Pharisäer: Wer ist das, dass er eine solche Gottes-
lästerung wagt? Wer außer Gott kann Sünden vergeben?
[22]Jesus aber merkte, was sie dachten, und sagte zu ihnen:
Was habt ihr für Gedanken im Herzen? [23]Was ist leichter,
zu sagen: Deine Sünden sind dir vergeben!, oder zu sagen:
Steh auf und geh umher? [24]Ihr sollt aber erkennen, dass der
Menschensohn die Vollmacht hat, hier auf der Erde Sünden
zu vergeben. Und er sagte zu dem Gelähmten: Ich sage dir:
Steh auf, nimm deine Tragbahre und geh nach Hause! [25]Im
gleichen Augenblick stand der Mann vor aller Augen auf.

Solidarität – Gefährten finden, gemeinsam unterwegs, gegenseitig unterstützen – gemeinsam geht es besser!

Er nahm die Tragbahre, auf der er gelegen hatte, und ging heim, Gott lobend und preisend. [26]Da gerieten alle außer sich; sie priesen Gott und sagten voller Furcht: Heute haben wir etwas Unglaubliches gesehen.

Die Berufung des Levi und das Mahl mit den Zöllnern 5,27-32

[27]Als Jesus von dort wegging, sah er einen Zöllner namens Levi am Zoll sitzen und sagte zu ihm: Folge mir nach! [28]Da stand Levi auf, verließ alles und folgte ihm. [29]Und er gab für Jesus in seinem Haus ein großes Festmahl. Viele Zöllner und andere Gäste waren mit ihnen bei Tisch. [30]Da sagten die Pharisäer und ihre Schriftgelehrten voll Unwillen zu seinen Jüngern: Wie könnt ihr zusammen mit Zöllnern und Sündern essen und trinken? [31]Jesus antwortete ihnen: Nicht die Gesunden brauchen den Arzt, sondern die Kranken. [32]Ich bin gekommen, um die Sünder zur Umkehr zu rufen, nicht die Gerechten.

Jesus spricht: Folge mir nach!

Die Frage nach dem Fasten 5,33-39

[33]Sie sagten zu ihm: Die Jünger des Johannes fasten und beten viel, ebenso die Jünger der Pharisäer; deine Jünger aber essen und trinken. [34]Jesus erwiderte ihnen: Könnt ihr denn die Hochzeitsgäste fasten lassen, solange der Bräutigam bei ihnen ist? [35]Es werden aber Tage kommen, da wird ihnen der Bräutigam genommen sein; in jenen Tagen werden sie fasten.

[36]Und er erzählte ihnen auch noch ein Gleichnis: Niemand schneidet ein Stück von einem neuen Kleid ab und setzt es auf ein altes Kleid; denn das neue Kleid wäre zerschnitten und zu dem alten Kleid würde das Stück von dem neuen nicht passen. [37]Auch füllt niemand neuen Wein in alte Schläuche. Denn der neue Wein zerreißt die Schläuche; er läuft aus und die Schläuche sind unbrauchbar. [38]Neuen Wein muss man in neue Schläuche füllen. [39]Und niemand, der alten Wein getrunken hat, will neuen; denn er sagt: Der alte Wein ist besser.

Sonntagsruhe
– Geschenk des Himmels
– für die Menschen da!

Das Abreißen der Ähren am Sabbat 6,1-5

6 Als er an einem Sabbat durch die Kornfelder ging, rissen seine Jünger Ähren ab, zerrieben sie mit den Händen und aßen sie. [2]Da sagten einige Pharisäer: Was tut ihr da? Das ist doch am Sabbat verboten! [3]Jesus erwiderte ihnen: Habt ihr nicht gelesen, was David getan hat, als er und seine Begleiter hungrig waren – [4]wie er in das Haus Gottes ging und die heiligen Brote nahm, die nur die Priester essen dürfen, und wie er sie aß und auch seinen Begleitern davon gab? [5]Und Jesus fügte hinzu: Der Menschensohn ist Herr über den Sabbat.

Die Heilung eines Mannes am Sabbat 6,6-11

[6]An einem anderen Sabbat ging er in die Synagoge und lehrte. Dort saß ein Mann, dessen rechte Hand verdorrt war. [7]Die Schriftgelehrten und die Pharisäer gaben Acht, ob er am Sabbat heilen werde; sie suchten nämlich einen Grund zur Anklage gegen ihn. [8]Er aber wusste, was sie im Sinn hatten, und sagte zu dem Mann mit der verdorrten Hand: Steh auf und stell dich in die Mitte! Der Mann stand auf und trat vor. [9]Dann sagte Jesus zu ihnen: Ich frage euch: Was ist am Sabbat erlaubt: Gutes zu tun oder Böses, ein Leben zu retten oder es zugrunde gehen zu lassen? [10]Und er sah sie alle der Reihe nach an und sagte dann zu dem Mann: Streck deine Hand aus! Er tat es und seine Hand war wieder gesund. [11]Da wurden sie von sinnloser Wut erfüllt und berieten, was sie gegen Jesus unternehmen könnten.

Gute Wahl
braucht Vorbereitung.

Die Wahl der Zwölf 6,12-16

[12]In diesen Tagen ging er auf einen Berg, um zu beten. Und er verbrachte die ganze Nacht im Gebet zu Gott. [13]Als es Tag wurde, rief er seine Jünger zu sich und wählte aus ihnen zwölf aus; sie nannte er auch Apostel. [14](Es waren) Simon, dem er den Namen Petrus gab, und sein Bruder Andreas, dazu Jakobus und Johannes, Philippus und Bartholomäus, [15]Matthäus und Thomas, Jakobus, der Sohn des Alphäus, und Simon, genannt der Zelot, [16]Judas, der Sohn des Jakobus, und Judas Iskariot, der zum Verräter wurde.

Der Andrang des Volkes 6,17-19
17Jesus stieg mit ihnen den Berg hinab. In der Ebene blieb er
mit einer großen Schar seiner Jünger stehen und viele Men-
schen aus ganz Judäa und Jerusalem und dem Küstengebiet
von Tyrus und Sidon 18strömten herbei. Sie alle wollten ihn
hören und von ihren Krankheiten geheilt werden. Auch die
von unreinen Geistern Geplagten wurden geheilt. 19Alle
Leute versuchten, ihn zu berühren; denn es ging eine Kraft
von ihm aus, die alle heilte.

Die Feldrede

Seligpreisungen und Weherufe 6,20-26
20Er richtete seine Augen auf seine Jünger und sagte:
Selig, ihr Armen, denn euch gehört das Reich Gottes.
21Selig, die ihr jetzt hungert, denn ihr werdet satt werden. /
Selig, die ihr jetzt weint, denn ihr werdet lachen.
22Selig seid ihr, wenn euch die Menschen hassen und aus
ihrer Gemeinschaft ausschließen, wenn sie euch beschimp-
fen und euch in Verruf bringen um des Menschensohnes
willen. 23Freut euch und jauchzt an jenem Tag; euer Lohn
im Himmel wird groß sein. Denn ebenso haben es ihre
Väter mit den Propheten gemacht.
24Aber weh euch, die ihr reich seid; denn ihr habt keinen
Trost mehr zu erwarten.
25Weh euch, die ihr jetzt satt seid; denn ihr werdet hun-
gern. Weh euch, die ihr jetzt lacht; denn ihr werdet klagen
und weinen.
26Weh euch, wenn euch alle Menschen loben; denn ebenso
haben es ihre Väter mit den falschen Propheten gemacht.

Das ist das Lebensprogramm des Jesus aus Nazareth.

Von der Vergeltung und von der Liebe zu den Feinden 6,27-36
27Euch, die ihr mir zuhört, sage ich: Liebt eure Feinde; tut de-
nen Gutes, die euch hassen. 28Segnet die, die euch verfluchen;
betet für die, die euch misshandeln. 29Dem, der dich auf die
eine Wange schlägt, halt auch die andere hin, und dem, der
dir den Mantel wegnimmt, lass auch das Hemd. 30Gib jedem,
der dich bittet; und wenn dir jemand etwas wegnimmt, ver-
lang es nicht zurück. 31Was ihr von anderen erwartet, das tut
ebenso auch ihnen. 32Wenn ihr nur die liebt, die euch lieben,

Die goldene Regel:
Was ihr von anderen erwünscht,
das tut auch ihr ihnen!
Achte den toten Winkel!
Halte Blickkontakt!

welchen Dank erwartet ihr dafür? Auch die Sünder lieben die,
von denen sie geliebt werden. [33]Und wenn ihr nur denen Gu-
tes tut, die euch Gutes tun, welchen Dank erwartet ihr dafür?
Das tun auch die Sünder. [34]Und wenn ihr nur denen etwas
leiht, von denen ihr es zurückzubekommen hofft, welchen
Dank erwartet ihr dafür? Auch die Sünder leihen Sündern
in der Hoffnung, alles zurückzubekommen. [35]Ihr aber sollt
eure Feinde lieben und sollt Gutes tun und leihen, auch wo
ihr nichts dafür erhoffen könnt. Dann wird euer Lohn groß
sein und ihr werdet Söhne des Höchsten sein; denn auch er ist
gütig gegen die Undankbaren und Bösen. [36]Seid barmherzig,
wie es auch euer Vater ist!

Vom Richten 6,37-42

[37]Richtet nicht, dann werdet auch ihr nicht gerichtet wer-
den. Verurteilt nicht, dann werdet auch ihr nicht verurteilt
werden. Erlasst einander die Schuld, dann wird auch euch
die Schuld erlassen werden. [38]Gebt, dann wird auch euch
gegeben werden. In reichem, vollem, gehäuftem, überflie-
ßendem Maß wird man euch beschenken; denn nach dem
Maß, mit dem ihr messt und zuteilt, wird auch euch zuge-
teilt werden.
[39]Er gebrauchte auch einen Vergleich und sagte: Kann ein
Blinder einen Blinden führen? Werden nicht beide in eine
Grube fallen? [40]Der Jünger steht nicht über seinem Meis-
ter; jeder aber, der alles gelernt hat, wird wie sein Meister
sein. [41]Warum siehst du den Splitter im Auge deines Bru-
ders, aber den Balken in deinem eigenen Auge bemerkst du
nicht? [42]Wie kannst du zu deinem Bruder sagen: Bruder, lass
mich den Splitter aus deinem Auge herausziehen!, während
du den Balken in deinem eigenen Auge nicht siehst? Du
Heuchler! Zieh zuerst den Balken aus deinem Auge; dann
kannst du versuchen, den Splitter aus dem Auge deines Bru-
ders herauszuziehen.

Von der wahren Frömmigkeit 6,43-46

[43]Es gibt keinen guten Baum, der schlechte Früchte her-
vorbringt, noch einen schlechten Baum, der gute Früchte
hervorbringt. [44]Jeden Baum erkennt man an seinen Früch-

ten: Von den Disteln pflückt man keine Feigen und vom Dornstrauch erntet man keine Trauben. 45Ein guter Mensch bringt Gutes hervor, weil in seinem Herzen Gutes ist; und ein böser Mensch bringt Böses hervor, weil in seinem Herzen Böses ist. Wovon das Herz voll ist, davon spricht der Mund. 46Was sagt ihr zu mir: Herr! Herr!, und tut nicht, was ich sage?

Vom Haus auf dem Felsen 6,47-49

47Ich will euch zeigen, wem ein Mensch gleicht, der zu mir kommt und meine Worte hört und danach handelt. 48Er ist wie ein Mann, der ein Haus baute und dabei die Erde tief aushob und das Fundament auf einen Felsen stellte. Als nun ein Hochwasser kam und die Flutwelle gegen das Haus prallte, konnte sie es nicht erschüttern, weil es gut gebaut war. 49Wer aber hört und nicht danach handelt, ist wie ein Mann, der sein Haus ohne Fundament auf die Erde baute. Die Flutwelle prallte dagegen, das Haus stürzte sofort in sich zusammen und wurde völlig zerstört.

Worauf baust Du Dein Lebenshaus?
Was ist Dein Fundament?

Zeichen und Worte Jesu

Der Hauptmann von Kafarnaum 7,1-10

7 Als Jesus diese Rede vor dem Volk beendet hatte, ging er nach Kafarnaum hinein. 2Ein Hauptmann hatte einen Diener, der todkrank war und den er sehr schätzte. 3Als der Hauptmann von Jesus hörte, schickte er einige von den jüdischen Ältesten zu ihm mit der Bitte, zu kommen und seinen Diener zu retten. 4Sie gingen zu Jesus und baten ihn inständig. Sie sagten: Er verdient es, dass du seine Bitte erfüllst; 5denn er liebt unser Volk und hat uns die Synagoge gebaut. 6Da ging Jesus mit ihnen. Als er nicht mehr weit von dem Haus entfernt war, schickte der Hauptmann Freunde und ließ ihm sagen: Herr, bemüh dich nicht! Denn ich bin es nicht wert, dass du mein Haus betrittst. 7Deshalb habe ich mich auch nicht für würdig gehalten, selbst zu dir zu kommen. Sprich nur ein Wort, dann muss mein Diener gesund werden. 8Auch ich muss Befehlen gehorchen und ich habe

Sprich nur ein Wort, dann wird meine Seele gesund!
Glauben heißt vertrauen.

selber Soldaten unter mir; sage ich nun zu einem: Geh!, so geht er, und zu einem andern: Komm!, so kommt er, und zu meinem Diener: Tu das!, so tut er es. [9]Jesus war erstaunt über ihn, als er das hörte. Und er wandte sich um und sagte zu den Leuten, die ihm folgten: Ich sage euch: Nicht einmal in Israel habe ich einen solchen Glauben gefunden. [10]Und als die Männer, die der Hauptmann geschickt hatte, in das Haus zurückkehrten, stellten sie fest, dass der Diener gesund war.

Die Auferweckung eines jungen Mannes in Naïn 7,11-17

[11]Einige Zeit später ging er in eine Stadt namens Naïn; seine Jünger und eine große Menschenmenge folgten ihm. [12]Als er in die Nähe des Stadttors kam, trug man gerade einen Toten heraus. Es war der einzige Sohn seiner Mutter, einer Witwe. Und viele Leute aus der Stadt begleiteten sie. [13]Als der Herr die Frau sah, hatte er Mitleid mit ihr und sagte zu ihr: Weine nicht! [14]Dann ging er zu der Bahre hin und fasste sie an. Die Träger blieben stehen und er sagte: Ich befehle dir, junger Mann: Steh auf! [15]Da richtete sich der Tote auf und begann zu sprechen und Jesus gab ihn seiner Mutter zurück. [16]Alle wurden von Furcht ergriffen; sie priesen Gott und sagten: Ein großer Prophet ist unter uns aufgetreten: Gott hat sich seines Volkes angenommen. [17]Und die Kunde davon verbreitete sich überall in Judäa und im ganzen Gebiet ringsum.

Die Frage des Täufers 7,18-23

[18]Johannes erfuhr das alles von seinen Jüngern. Da rief er zwei von ihnen zu sich, [19]schickte sie zum Herrn und ließ ihn fragen: Bist du der, der kommen soll, oder müssen wir auf einen andern warten? [20]Als die beiden Männer zu Jesus kamen, sagten sie: Johannes der Täufer hat uns zu dir geschickt und lässt dich fragen: Bist du der, der kommen soll, oder müssen wir auf einen andern warten? [21]Damals heilte Jesus viele Menschen von ihren Krankheiten und Leiden, befreite sie von bösen Geistern und schenkte vielen Blinden das Augenlicht. [22]Er antwortete den beiden: Geht und berichtet Johannes, was ihr gesehen und gehört habt: Blinde sehen wieder, Lahme gehen, und Aussätzige werden rein; Taube

Ein Versprechen wird erfüllt. Wer rettet wen?

hören, Tote stehen auf, und den Armen wird das Evangelium
verkündet. [23]Selig ist, wer an mir keinen Anstoß nimmt.

Das Urteil Jesu über den Täufer 7,24-35

[24]Als die Boten des Johannes weggegangen waren, begann
Jesus zu der Menge über Johannes zu reden; er sagte: Was
habt ihr denn sehen wollen, als ihr in die Wüste hinausgegangen seid? Ein Schilfrohr, das im Wind schwankt? [25]Oder
was habt ihr sehen wollen, als ihr hinausgegangen seid?
Einen Mann in feiner Kleidung? Leute, die vornehm gekleidet sind und üppig leben, findet man in den Palästen der
Könige. [26]Oder was habt ihr sehen wollen, als ihr hinausgegangen seid? Einen Propheten? Ja, ich sage euch: Ihr habt
sogar mehr gesehen als einen Propheten. [27]Er ist der, von
dem es in der Schrift heißt:

Ich sende meinen Boten vor dir her; /
er soll den Weg für dich bahnen.

[28]Ich sage euch: Unter allen Menschen gibt es keinen größeren als Johannes; doch der Kleinste im Reich Gottes ist
größer als er. [29]Das ganze Volk, das Johannes hörte, selbst
die Zöllner, sie alle haben den Willen Gottes anerkannt und
sich von Johannes taufen lassen. [30]Doch die Pharisäer und
die Gesetzeslehrer haben den Willen Gottes missachtet und
sich von Johannes nicht taufen lassen.
[31]Mit wem soll ich also die Menschen dieser Generation vergleichen? Wem sind sie ähnlich? [32]Sie sind wie Kinder, die
auf dem Marktplatz sitzen und einander zurufen: Wir haben für euch auf der Flöte (Hochzeitslieder) gespielt und ihr
habt nicht getanzt; wir haben Klagelieder gesungen und
ihr habt nicht geweint. [33]Johannes der Täufer ist gekommen, er isst kein Brot und trinkt keinen Wein und ihr sagt:
Er ist von einem Dämon besessen. [34]Der Menschensohn ist
gekommen, er isst und trinkt; darauf sagt ihr: Dieser Fresser
und Säufer, dieser Freund der Zöllner und Sünder! [35]Und doch
hat die Weisheit durch alle ihre Kinder Recht bekommen.

Jesus – (D)ein Freund!

Kenn ich auch –
Verzweiflung, Tränen,
Lebenskrisen.
Ein Freund schenkt Frieden.
Ich kann aufrecht gehen –
endlich wieder.

Die Begegnung Jesu mit der Sünderin 7,36-50

[36]Jesus ging in das Haus eines Pharisäers, der ihn zum Essen
eingeladen hatte, und legte sich zu Tisch. [37]Als nun eine Sün-
derin, die in der Stadt lebte, erfuhr, dass er im Haus des Pha-
risäers bei Tisch war, kam sie mit einem Alabastergefäß voll
wohlriechendem Öl [38]und trat von hinten an ihn heran. Dabei
weinte sie und ihre Tränen fielen auf seine Füße. Sie trocknete
seine Füße mit ihrem Haar, küsste sie und salbte sie mit dem
Öl. [39]Als der Pharisäer, der ihn eingeladen hatte, das sah, dach-
te er: Wenn er wirklich ein Prophet wäre, müsste er wissen,
was das für eine Frau ist, von der er sich berühren lässt; er
wüsste, dass sie eine Sünderin ist. [40]Da wandte sich Jesus an ihn
und sagte: Simon, ich möchte dir etwas sagen. Er erwiderte:
Sprich, Meister! [41](Jesus sagte:) Ein Geldverleiher hatte zwei
Schuldner; der eine war ihm fünfhundert Denare schuldig, der
andere fünfzig. [42]Als sie ihre Schulden nicht bezahlen konn-
ten, erließ er sie beiden. Wer von ihnen wird ihn nun mehr
lieben? [43]Simon antwortete: Ich nehme an, der, dem er mehr
erlassen hat. Jesus sagte zu ihm: Du hast recht. [44]Dann wandte
er sich der Frau zu und sagte zu Simon: Siehst du diese Frau?
Als ich in dein Haus kam, hast du mir kein Wasser zum Wa-
schen der Füße gegeben; sie aber hat ihre Tränen über meinen
Füßen vergossen und sie mit ihrem Haar abgetrocknet. [45]Du
hast mir (zur Begrüßung) keinen Kuss gegeben; sie aber hat
mir, seit ich hier bin, unaufhörlich die Füße geküsst. [46]Du hast
mir nicht das Haar mit Öl gesalbt; sie aber hat mir mit ihrem
wohlriechenden Öl die Füße gesalbt. [47]Deshalb sage ich dir: Ihr
sind ihre vielen Sünden vergeben, weil sie (mir) so viel Liebe
gezeigt hat. Wem aber nur wenig vergeben wird, der zeigt
auch nur wenig Liebe. [48]Dann sagte er zu ihr: Deine Sünden
sind dir vergeben. [49]Da dachten die anderen Gäste: Wer ist
das, dass er sogar Sünden vergibt? [50]Er aber sagte zu der Frau:
Dein Glaube hat dir geholfen. Geh in Frieden!

Frauen im Gefolge Jesu 8,1-3

8 In der folgenden Zeit wanderte er von Stadt zu Stadt und von Dorf zu Dorf und verkündete das Evangelium vom Reich Gottes. Die Zwölf begleiteten ihn, [2]außerdem einige Frauen, die er von bösen Geistern und von Krankheiten geheilt hatte: Maria Magdalene, aus der sieben Dämonen ausgefahren waren, [3]Johanna, die Frau des Chuzas, eines Beamten des Herodes, Susanna und viele andere. Sie alle unterstützten Jesus und die Jünger mit dem, was sie besaßen.

Unterwegs sein
- zu den Menschen
- heilsam sein.

Das Gleichnis vom Sämann 8,4-8

[4]Als die Leute aus allen Städten zusammenströmten und sich viele Menschen um ihn versammelten, erzählte er ihnen dieses Gleichnis: [5]Ein Sämann ging aufs Feld, um seinen Samen auszusäen. Als er säte, fiel ein Teil der Körner auf den Weg; sie wurden zertreten und die Vögel des Himmels fraßen sie. [6]Ein anderer Teil fiel auf Felsen, und als die Saat aufging, verdorrte sie, weil es ihr an Feuchtigkeit fehlte. [7]Wieder ein anderer Teil fiel mitten in die Dornen und die Dornen wuchsen zusammen mit der Saat hoch und erstickten sie. [8]Ein anderer Teil schließlich fiel auf guten Boden, ging auf und brachte hundertfach Frucht. Als Jesus das gesagt hatte, rief er: Wer Ohren hat zum Hören, der höre!

Guter Boden
lässt wachsen!

Sinn und Zweck der Gleichnisse 8,9-10

[9]Seine Jünger fragten ihn, was das Gleichnis bedeute. [10]Da sagte er: Euch ist es gegeben, die Geheimnisse des Reiches Gottes zu erkennen. Zu den anderen Menschen aber wird nur in Gleichnissen geredet; denn sie sollen sehen und doch nicht sehen, hören und doch nicht verstehen.

Die Deutung des Gleichnisses vom Sämann 8,11-15
[11]Das ist der Sinn des Gleichnisses: Der Samen ist das Wort
Gottes. [12]Auf den Weg ist der Samen bei denen gefallen,
die das Wort zwar hören, denen es aber der Teufel dann
aus dem Herzen reißt, damit sie nicht glauben und nicht ge-
rettet werden. [13]Auf den Felsen ist der Samen bei denen ge-
fallen, die das Wort freudig aufnehmen, wenn sie es hören;
aber sie haben keine Wurzeln: Eine Zeit lang glauben sie,
doch in der Zeit der Prüfung werden sie abtrünnig. [14]Unter
die Dornen ist der Samen bei denen gefallen, die das Wort
zwar hören, dann aber weggehen und in den Sorgen, dem
Reichtum und den Genüssen des Lebens ersticken, deren
Frucht also nicht reift. [15]Auf guten Boden ist der Samen bei
denen gefallen, die das Wort mit gutem und aufrichtigem
Herzen hören, daran festhalten und durch ihre Ausdauer
Frucht bringen.

Vom rechten Hören 8,16-18

Ein helles Licht ermutigt zum Anklopfen und Eintreten.

[16]Niemand zündet ein Licht an und deckt es mit einem Ge-
fäß zu oder stellt es unter das Bett, sondern man stellt das
Licht auf den Leuchter, damit alle, die eintreten, es leuchten
sehen. [17]Es gibt nichts Verborgenes, das nicht offenbar wird,
und nichts Geheimes, das nicht bekannt wird und an den
Tag kommt. [18]Gebt also Acht, dass ihr richtig zuhört! Denn
wer hat, dem wird gegeben; wer aber nicht hat, dem wird
auch noch weggenommen, was er zu haben meint.

Von den wahren Verwandten Jesu 8,19-21
[19]Eines Tages kamen seine Mutter und seine Brüder zu ihm;
sie konnten aber wegen der vielen Leute nicht zu ihm ge-
langen. [20]Da sagte man ihm: Deine Mutter und deine Brü-
der stehen draußen und möchten dich sehen. [21]Er erwider-
te: Meine Mutter und meine Brüder sind die, die das Wort
Gottes hören und danach handeln.

Der Sturm auf dem See 8,22-25
[22]Eines Tages stieg er mit seinen Jüngern in ein Boot und
sagte zu ihnen: Wir wollen ans andere Ufer des Sees hin-
überfahren. Und sie fuhren ab. [23]Während der Fahrt aber

schlief er ein. Plötzlich brach über dem See ein Wirbelsturm los; das Wasser schlug in das Boot und sie gerieten in große Gefahr. [24]Da traten sie zu ihm und weckten ihn; sie riefen: Meister, Meister, wir gehen zugrunde! Er stand auf, drohte dem Wind und den Wellen, und sie legten sich und es trat Stille ein. [25]Dann sagte er zu den Jüngern: Wo ist euer Glaube? Sie aber fragten einander voll Schrecken und Staunen: Was ist das für ein Mensch, dass sogar die Winde und das Wasser seinem Befehl gehorchen?

Ich bin doch da!

Die Heilung des Besessenen von Gerasa 8,26-39

[26]Sie fuhren in das Gebiet von Gerasa, das dem galiläischen Ufer gegenüberliegt [27]Als Jesus an Land ging, lief ihm ein Mann aus der Stadt entgegen, der von Dämonen besessen war. Schon seit langem trug er keine Kleider mehr und lebte nicht mehr in einem Haus, sondern in den Grabhöhlen. [28]Als er Jesus sah, schrie er auf, fiel vor ihm nieder und rief laut: Was habe ich mit dir zu tun, Jesus, Sohn des höchsten Gottes? Ich bitte dich: Quäle mich nicht! [29]Jesus hatte nämlich dem unreinen Geist befohlen, den Mann zu verlassen. Denn schon seit langem hatte ihn der Geist in seiner Gewalt und man hatte ihn wie einen Gefangenen an Händen und Füßen gefesselt. Aber immer wieder zerriss er die Fesseln und wurde von dem Dämon in menschenleere Gegenden getrieben. [30]Jesus fragte ihn: Wie heißt du? Er antwortete: Legion. Denn er war von vielen Dämonen besessen. [31]Und die Dämonen baten Jesus, sie nicht zur Hölle zu schicken.

[32]Nun weidete dort an einem Berg gerade eine große Schweineherde. Die Dämonen baten Jesus, ihnen zu erlauben, in die Schweine hineinzufahren. Er erlaubte es ihnen. [33]Da verließen die Dämonen den Menschen und fuhren in die Schweine, und die Herde stürzte sich den Abhang hinab in den See und ertrank. [34]Als die Hirten das sahen, flohen sie und erzählten alles in der Stadt und in den Dörfern. [35]Darauf eilten die Leute herbei, um zu sehen, was geschehen war. Sie kamen zu Jesus und sahen, dass der Mann, den die Dämonen verlassen hatten, wieder bei Verstand war und ordentlich gekleidet Jesus zu Füßen saß. Da fürchteten sie sich. [36]Die, die alles gesehen hatten, berichteten ihnen,

Das Leben wieder selbst gehen – zuerst zaghaft und dann immer mutiger!

wie der Besessene geheilt wurde. [37]Darauf baten alle, die im Gebiet von Gerasa wohnten, Jesus, sie zu verlassen; denn es hatte sie große Angst gepackt. Da stieg Jesus ins Boot und fuhr zurück.
[38]Der Mann, den die Dämonen verlassen hatten, bat Jesus, bei ihm bleiben zu dürfen. Doch Jesus schickte ihn weg und sagte: [39]Kehr in dein Haus zurück, und erzähl alles, was Gott für dich getan hat. Da ging er weg und verkündete in der ganzen Stadt, was Jesus für ihn getan hatte.

Die Auferweckung der Tochter des Jaïrus und die Heilung einer kranken Frau 8,40-56

[40]Als Jesus (ans andere Ufer) zurückkam, empfingen ihn viele Menschen; sie hatten alle schon auf ihn gewartet. [41]Da kam ein Mann namens Jaïrus, der Synagogenvorsteher war. Er fiel Jesus zu Füßen und bat ihn, in sein Haus zu kommen. [42]Denn sein einziges Kind, ein Mädchen von etwa zwölf Jahren, lag im Sterben.
Während Jesus auf dem Weg zu ihm war, drängten sich die Menschen um ihn und erdrückten ihn beinahe. [43]Darunter war eine Frau, die schon seit zwölf Jahren an Blutungen litt und bisher von niemand geheilt werden konnte. [44]Sie drängte sich von hinten an ihn heran und berührte den Saum seines Gewandes. Im gleichen Augenblick kam die Blutung zum Stillstand. [45]Da fragte Jesus: Wer hat mich berührt? Als alle es abstritten, sagten Petrus und seine Gefährten: Meister, die Leute drängen sich doch von allen Seiten um dich und erdrücken dich fast. [46]Jesus erwiderte: Es hat mich jemand berührt; denn ich fühlte, wie eine Kraft von mir ausströmte. [47]Als die Frau merkte, dass sie es nicht verheimlichen konnte, kam sie zitternd zu ihm, fiel vor ihm nieder und erzählte vor allen Leuten, warum sie ihn berührt hatte und wie sie durch die Berührung sofort gesund geworden war. [48]Da sagte er zu ihr: Meine Tochter, dein Glaube hat dir geholfen. Geh in Frieden!
[49]Während Jesus noch redete, kam einer, der zum Haus des Synagogenvorstehers gehörte, und sagte (zu Jaïrus): Deine Tochter ist gestorben. Bemüh den Meister nicht länger! [50]Jesus hörte es und sagte zu Jaïrus: Sei ohne Furcht; glaube

nur, dann wird sie gerettet. [51]Als er in das Haus ging, ließ er niemand mit hinein außer Petrus, Johannes und Jakobus und die Eltern des Mädchens. [52]Alle Leute weinten und klagten über ihren Tod. Jesus aber sagte: Weint nicht! Sie ist nicht gestorben, sie schläft nur. [53]Da lachten sie ihn aus, weil sie wussten, dass sie tot war. [54]Er aber fasste sie an der Hand und rief: Mädchen, steh auf! [55]Da kehrte das Leben in sie zurück und sie stand sofort auf. Und er sagte, man solle ihr etwas zu essen geben. [56]Ihre Eltern aber waren außer sich. Doch Jesus verbot ihnen, irgendjemand zu erzählen, was geschehen war.

An die Hand genommen werden und aufstehen.

Die Aussendung der zwölf Jünger 9,1-6

9 Dann rief er die Zwölf zu sich und gab ihnen die Kraft und die Vollmacht, alle Dämonen auszutreiben und die Kranken gesund zu machen. [2]Und er sandte sie aus mit dem Auftrag, das Reich Gottes zu verkünden und zu heilen. [3]Er sagte zu ihnen: Nehmt nichts mit auf den Weg, keinen Wanderstab und keine Vorratstasche, kein Brot, kein Geld und kein zweites Hemd. [4]Bleibt in dem Haus, in dem ihr einkehrt, bis ihr den Ort wieder verlasst. [5]Wenn euch aber die Leute in einer Stadt nicht aufnehmen wollen, dann geht weg und schüttelt den Staub von euren Füßen, zum Zeugnis gegen sie. [6]Die Zwölf machten sich auf den Weg und wanderten von Dorf zu Dorf. Sie verkündeten das Evangelium und heilten überall die Kranken.

Gute Nachrichten sind heilsame Nachrichten..

Das Urteil des Herodes über Jesus 9,7-9

[7]Der Tetrarch Herodes hörte von allem, was geschah, und wusste nicht, was er davon halten sollte. Denn manche sagten: Johannes ist von den Toten auferstanden. [8]Andere meinten: Elija ist wiedererschienen. Wieder andere: Einer der alten Propheten ist auferstanden. [9]Herodes aber sagte: Johannes habe ich selbst enthaupten lassen. Wer ist dann dieser Mann, von dem man mir solche Dinge erzählt? Und er hatte den Wunsch, ihn einmal zu sehen.

Die Rückkehr der Jünger und die Speisung der Fünftausend 9,10-17

10 Die Apostel kamen zurück und erzählten Jesus alles, was sie getan hatten. Dann nahm er sie beiseite und zog sich in die Nähe der Stadt Betsaida zurück, um mit ihnen allein zu sein. 11 Aber die Leute erfuhren davon und folgten ihm. Er empfing sie freundlich, redete zu ihnen vom Reich Gottes und heilte alle, die seine Hilfe brauchten.

12 Als der Tag zur Neige ging, kamen die Zwölf zu ihm und sagten: Schick die Menschen weg, damit sie in die umliegenden Dörfer und Gehöfte gehen, dort Unterkunft finden und etwas zu essen bekommen; denn wir sind hier an einem abgelegenen Ort. 13 Er antwortete: Gebt ihr ihnen zu essen! Sie sagten: Wir haben nicht mehr als fünf Brote und zwei Fische; wir müssten erst weggehen und für all diese Leute Essen kaufen. 14 Es waren etwa fünftausend Männer. Er erwiderte seinen Jüngern: Sagt ihnen, sie sollen sich in Gruppen zu ungefähr fünfzig zusammensetzen. 15 Die Jünger taten, was er ihnen sagte, und veranlassten, dass sich alle setzten. 16 Jesus aber nahm die fünf Brote und die zwei Fische, blickte zum Himmel auf, segnete sie und brach sie; dann gab er sie den Jüngern, damit sie diese an die Leute austeilten. 17 Und alle aßen und wurden satt. Als man die übrig gebliebenen Brotstücke einsammelte, waren es zwölf Körbe voll.

„Gebt ihr ihnen zu essen!"

Das Messiasbekenntnis des Petrus und die erste Ankündigung von Leiden und Auferstehung 9,18-22

18 Jesus betete einmal in der Einsamkeit, und die Jünger waren bei ihm. Da fragte er sie: Für wen halten mich die Leute? 19 Sie antworteten: Einige für Johannes den Täufer, andere für Elija; wieder andere sagen: Einer der alten Propheten ist auferstanden. 20 Da sagte er zu ihnen: Ihr aber, für wen haltet ihr mich? Petrus antwortete: Für den Messias Gottes.
21 Doch er verbot ihnen streng, es jemand weiterzusagen.
22 Und er fügte hinzu: Der Menschensohn muss vieles erleiden und von den Ältesten, den Hohenpriestern und den Schriftgelehrten verworfen werden; er wird getötet werden, aber am dritten Tag wird er auferstehen.

Wer ist dieser Jesus für Dich?

Von Nachfolge und Selbstverleugnung 9,23-27

[23]Zu allen sagte er: Wer mein Jünger sein will, der verleugne sich selbst, nehme täglich sein Kreuz auf sich und folge mir nach. [24]Denn wer sein Leben retten will, wird es verlieren; wer aber sein Leben um meinetwillen verliert, der wird es retten. [25]Was nützt es einem Menschen, wenn er die ganze Welt gewinnt, dabei aber sich selbst verliert und Schaden nimmt? [26]Denn wer sich meiner und meiner Worte schämt, dessen wird sich der Menschensohn schämen, wenn er in seiner Hoheit kommt und in der Hoheit des Vaters und der heiligen Engel. [27]Wahrhaftig, das sage ich euch: Von denen, die hier stehen, werden einige den Tod nicht erleiden, bis sie das Reich Gottes gesehen haben.

Die Verklärung Jesu 9,28-36

[28]Etwa acht Tage nach diesen Reden nahm Jesus Petrus, Johannes und Jakobus beiseite und stieg mit ihnen auf einen Berg, um zu beten. [29]Und während er betete, veränderte sich das Aussehen seines Gesichtes und sein Gewand wurde leuchtend weiß. [30]Und plötzlich redeten zwei Männer mit ihm. Es waren Mose und Elija; [31]sie erschienen in strahlendem Licht und sprachen von seinem Ende, das sich in Jerusalem erfüllen sollte. [32]Petrus und seine Begleiter aber waren eingeschlafen, wurden jedoch wach und sahen Jesus in strahlendem Licht und die zwei Männer, die bei ihm standen. [33]Als die beiden sich von ihm trennen wollten, sagte Petrus zu Jesus: Meister, es ist gut, dass wir hier sind. Wir wollen drei Hütten bauen, eine für dich, eine für Mose und eine für Elija. Er wusste aber nicht, was er sagte. [34]Während er noch redete, kam eine Wolke und warf ihren Schatten auf sie. Sie gerieten in die Wolke hinein und bekamen Angst. [35]Da rief eine Stimme aus der Wolke: Das ist mein auserwählter Sohn, auf ihn sollt ihr hören. [36]Als aber die Stimme erklang, war Jesus wieder allein. Die Jünger schwiegen jedoch über das, was sie gesehen hatten, und erzählten in jenen Tagen niemand davon.

Du bist meine geliebte Tochter. Du bist mein geliebter Sohn. Ich bin stolz auf Dich!

Die Heilung eines besessenen Jungen 9,37-43a

37Als sie am folgenden Tag den Berg hinabstiegen, kam ih-
nen eine große Menschenmenge entgegen. 38Da schrie ein
Mann aus der Menge: Meister, ich bitte dich, hilf meinem
Sohn! Es ist mein einziger. 39Er ist von einem Geist beses-
sen; plötzlich schreit er auf, wird hin und her gezerrt und
Schaum tritt ihm vor den Mund, und der Geist quält ihn
fast unaufhörlich. 40Ich habe schon deine Jünger gebeten
ihn auszutreiben, aber sie konnten es nicht. 41Da sagte Je-
sus: O du ungläubige und unbelehrbare Generation! Wie
lange muss ich noch bei euch sein und euch ertragen? Bring
deinen Sohn her! 42Als der Sohn herkam, warf der Dämon
ihn zu Boden und zerrte ihn hin und her. Jesus aber drohte
dem unreinen Geist, heilte den Jungen und gab ihn seinem
Vater zurück. 43aUnd alle gerieten außer sich über die Macht
und Größe Gottes.

Die zweite Ankündigung von Leiden und Auferstehung 9,43b-45

43bAlle Leute staunten über das, was Jesus tat; er aber sagte
zu seinen Jüngern: 44Merkt euch genau, was ich jetzt sage:
Der Menschensohn wird den Menschen ausgeliefert wer-
den. 45Doch die Jünger verstanden den Sinn seiner Worte
nicht; er blieb ihnen verborgen, sodass sie ihn nicht begrif-
fen. Aber sie scheuten sich, Jesus zu fragen, was er damit
sagen wollte.

Der Rangstreit der Jünger 9,46-48

46Unter den Jüngern kam die Frage auf, wer von ihnen der
Größte sei. 47Jesus wusste, was in ihrem Herzen vorging. Des-
halb nahm er ein Kind, stellte es neben sich 48und sagte zu
ihnen: Wer dieses Kind um meinetwillen aufnimmt, der nimmt
mich auf; wer aber mich aufnimmt, der nimmt den auf, der
mich gesandt hat. Denn wer unter euch allen der Kleinste ist,
der ist groß.

Der Kleinste ist das Maß.

Der fremde Wundertäter 9,49-50

[49]Da sagte Johannes: Meister, wir haben gesehen, wie jemand in deinem Namen Dämonen austrieb, und wir versuchten, ihn daran zu hindern, weil er nicht mit uns zusammen dir nachfolgt. [50]Jesus antwortete ihm: Hindert ihn nicht! Denn wer nicht gegen euch ist, der ist für euch.

Keiner baut allein an Gottes Reich.

Auf dem Weg nach Jerusalem

9,51 - 19,27

Von der wahren Jüngerschaft: 9,51 - 13,21

Die ungastlichen Samariter 9,51-56

[51]Als die Zeit herankam, in der er (in den Himmel) aufgenommen werden sollte, entschloss sich Jesus, nach Jerusalem zu gehen. [52]Und er schickte Boten vor sich her. Diese kamen in ein samaritisches Dorf und wollten eine Unterkunft für ihn besorgen. [53]Aber man nahm ihn nicht auf, weil er auf dem Weg nach Jerusalem war. [54]Als die Jünger Jakobus und Johannes das sahen, sagten sie: Herr, sollen wir befehlen, dass Feuer vom Himmel fällt und sie vernichtet? [55]Da wandte er sich um und wies sie zurecht. [56]Und sie gingen zusammen in ein anderes Dorf.

Von der Nachfolge 9,57-62

[57]Als sie auf ihrem Weg weiterzogen, redete ein Mann Jesus an und sagte: Ich will dir folgen, wohin du auch gehst. [58]Jesus antwortete ihm: Die Füchse haben ihre Höhlen und die Vögel ihre Nester; der Menschensohn aber hat keinen Ort, wo er sein Haupt hinlegen kann. [59]Zu einem anderen sagte er: Folge mir nach! Der erwiderte: Lass mich zuerst heimgehen und meinen Vater begraben. [60]Jesus sagte zu ihm: Lass die Toten ihre Toten begraben; du aber geh und verkünde das Reich Gottes! [61]Wieder ein anderer sagte: Ich will dir nachfolgen, Herr. Zuvor aber lass mich von meiner Familie Abschied nehmen. [62]Jesus erwiderte ihm: Keiner, der die Hand an den Pflug gelegt hat und nochmals zurückblickt, taugt für das Reich Gottes.

Schau nach vorne und geh Deinen Weg!

Die Aussendung der zweiundsiebzig Jünger 10,1-16

10 Danach suchte der Herr zweiundsiebzig andere aus
und sandte sie zu zweit voraus in alle Städte und Ort-
schaften, in die er selbst gehen wollte. [2]Er sagte zu ihnen:
Die Ernte ist groß, aber es gibt nur wenig Arbeiter. Bittet also
den Herrn der Ernte, Arbeiter für seine Ernte auszusenden.
[3]Geht! Ich sende euch wie Schafe mitten unter die Wölfe. [4]Nehmt
keinen Geldbeutel mit, keine Vorratstasche und keine Schuhe!
Grüßt niemand unterwegs! [5]Wenn ihr in ein Haus kommt, so
sagt als erstes: Friede diesem Haus! [6]Und wenn dort ein Mann des
Friedens wohnt, wird der Friede, den ihr ihm wünscht, auf ihm
ruhen; andernfalls wird er zu euch zurückkehren. [7]Bleibt in die-
sem Haus, esst und trinkt, was man euch anbietet; denn wer ar-
beitet, hat ein Recht auf seinen Lohn. Zieht nicht von einem Haus
in ein anderes! [8]Wenn ihr in eine Stadt kommt und man euch
aufnimmt, so esst, was man euch vorsetzt. [9]Heilt die Kranken, die
dort sind, und sagt den Leuten: Das Reich Gottes ist euch nahe.
[10]Wenn ihr aber in eine Stadt kommt, in der man euch nicht
aufnimmt, dann stellt euch auf die Straße und ruft: [11]Selbst den
Staub eurer Stadt, der an unseren Füßen klebt, lassen wir euch
zurück; doch das sollt ihr wissen: Das Reich Gottes ist nahe. [12]Ich
sage euch: Sodom wird es an jenem Tag nicht so schlimm erge-
hen wie dieser Stadt.

Ich wünsche Dir Frieden.

[13]Weh dir, Chorazin! Weh dir, Betsaida! Wenn einst in Tyrus
und Sidon die Wunder geschehen wären, die bei euch ge-
schehen sind - man hätte dort in Sack und Asche Buße ge-
tan. [14]Tyrus und Sidon wird es beim Gericht nicht so schlimm
ergehen wie euch. [15]Und du, Kafarnaum, meinst du etwa,
du wirst bis zum Himmel erhoben? Nein, in die Unterwelt
wirst du hinabgeworfen.

[16]Wer euch hört, der hört mich, und wer euch ablehnt, der
lehnt mich ab; wer aber mich ablehnt, der lehnt den ab, der
mich gesandt hat.

Der Lohn der Jünger 10,17-20

[17]Die Zweiundsiebzig kehrten zurück und berichteten voll
Freude: Herr, sogar die Dämonen gehorchen uns, wenn wir
deinen Namen aussprechen. [18]Da sagte er zu ihnen: Ich sah
den Satan wie einen Blitz vom Himmel fallen. [19]Seht, ich habe

euch die Vollmacht gegeben, auf Schlangen und Skorpione
zu treten und die ganze Macht des Feindes zu überwinden.
Nichts wird euch schaden können. [20]Doch freut euch nicht
darüber, dass euch die Geister gehorchen, sondern freut
euch darüber, dass eure Namen im Himmel verzeichnet sind.

Der Dank Jesu an den Vater 10,21-22

[21]In dieser Stunde rief Jesus, vom Heiligen Geist erfüllt, voll Freude aus: Ich preise dich, Vater, Herr des Himmels und der Erde, weil du all das den Weisen und Klugen verborgen, den Unmündigen aber offenbart hast. Ja, Vater, so hat es dir gefallen. [22]Mir
ist von meinem Vater alles übergeben worden; niemand weiß,
wer der Sohn ist, nur der Vater, und niemand weiß, wer der Vater ist, nur der Sohn und der, dem es der Sohn offenbaren will.

Gott stellt alles auf den Kopf.

Die Seligpreisung der Jünger 10,23-24

[23]Jesus wandte sich an die Jünger und sagte zu ihnen allein:
Selig sind die, deren Augen sehen, was ihr seht. [24]Ich sage
euch: Viele Propheten und Könige wollten sehen, was ihr
seht, und haben es nicht gesehen und wollten hören, was
ihr hört, und haben es nicht gehört.

Das Beispiel vom barmherzigen Samariter 10,25-37

[25]Da stand ein Gesetzeslehrer auf, und um Jesus auf die
Probe zu stellen, fragte er ihn: Meister, was muss ich tun,
um das ewige Leben zu gewinnen? [26]Jesus sagte zu ihm:
Was steht im Gesetz? Was liest du dort? [27]Er antwortete:
Du sollst den Herrn, deinen Gott, lieben mit ganzem Herzen und ganzer Seele, mit all deiner Kraft und all deinen Gedanken, und: Deinen Nächsten sollst du lieben wie dich
selbst. [28]Jesus sagte zu ihm: Du hast richtig geantwortet.
Handle danach und du wirst leben. [29]Der Gesetzeslehrer
wollte seine Frage rechtfertigen und sagte zu Jesus: Und wer ist mein Nächster?

Für wen bin ich gerade der Nächste?

[30]Darauf antwortete ihm Jesus: Ein Mann ging von Jerusalem nach Jericho hinab und wurde von Räubern überfallen.
Sie plünderten ihn aus und schlugen ihn nieder; dann gingen sie weg und ließen ihn halb tot liegen. [31]Zufällig kam
ein Priester denselben Weg herab; er sah ihn und ging wei-

ter. [32]Auch ein Levit kam zu der Stelle; er sah ihn und ging
weiter. [33]Dann kam ein Mann aus Samarien, der auf der
Reise war. Als er ihn sah, hatte er Mitleid, [34]ging zu ihm hin,
goss Öl und Wein auf seine Wunden und verband sie. Dann
hob er ihn auf sein Reittier, brachte ihn zu einer Herberge
und sorgte für ihn. [35]Am andern Morgen holte er zwei Den-
are hervor, gab sie dem Wirt und sagte: Sorge für ihn, und
wenn du mehr für ihn brauchst, werde ich es dir bezahlen,
wenn ich wiederkomme.
[36]Was meinst du: Wer von diesen dreien hat sich als der
Nächste dessen erwiesen, der von den Räubern überfallen
wurde? [37]Der Gesetzeslehrer antwortete: Der, der barmher-
zig an ihm gehandelt hat. Da sagte Jesus zu ihm: Dann geh
und handle genauso!

Maria und Marta 10,38-42

[38]Sie zogen zusammen weiter und er kam in ein Dorf. Eine
Frau namens Marta nahm ihn freundlich auf. [39]Sie hatte
eine Schwester, die Maria hieß. Maria setzte sich dem Herrn
zu Füßen und hörte seinen Worten zu. [40]Marta aber war
ganz davon in Anspruch genommen, für ihn zu sorgen. Sie
kam zu ihm und sagte: Herr, kümmert es dich nicht, dass
meine Schwester die ganze Arbeit mir allein überlässt? Sag
ihr doch, sie soll mir helfen! [41]Der Herr antwortete: Marta,
Marta, du machst dir viele Sorgen und Mühen. [42] Aber nur
eines ist notwendig. Maria hat das Bessere gewählt, das soll
ihr nicht genommen werden.

Mit den Händen arbeiten und mit dem Herzen hören.

Das Gebet des Herrn 11,1-4

11 Jesus betete einmal an einem Ort; und als er das Gebet beendet hatte, sagte einer seiner Jünger zu ihm: Herr, lehre uns beten, wie schon Johannes seine Jünger beten gelehrt hat. 2Da sagte er zu ihnen:
Wenn ihr betet, so sprecht:

Vater, /
dein Name werde geheiligt. /
Dein Reich komme.
3*Gib uns täglich das Brot, das wir brauchen.*
4*Und erlass uns unsere Sünden; /*
denn auch wir erlassen jedem, was er uns schuldig ist. /
Und führe uns nicht in Versuchung.

Das Gleichnis vom bittenden Freund 11,5-8

5Dann sagte er zu ihnen: Wenn einer von euch einen Freund hat und um Mitternacht zu ihm geht und sagt: Freund, leih mir drei Brote; 6denn einer meiner Freunde, der auf Reisen ist, ist zu mir gekommen, und ich habe ihm nichts anzubieten!, 7wird dann etwa der Mann drinnen antworten: Lass mich in Ruhe, die Tür ist schon verschlossen und meine Kinder schlafen bei mir; ich kann nicht aufstehen und dir etwas geben? 8Ich sage euch: Wenn er schon nicht deswegen aufsteht und ihm seine Bitte erfüllt, weil er sein Freund ist, so wird er doch wegen seiner Zudringlichkeit aufstehen und ihm geben, was er braucht.

Einfach dran bleiben.

Vom Vertrauen beim Beten 11,9-13

9Darum sage ich euch: Bittet, dann wird euch gegeben; sucht, dann werdet ihr finden; klopft an, dann wird euch geöffnet. 10Denn wer bittet, der empfängt; wer sucht, der findet; und wer anklopft, dem wird geöffnet. 11Oder ist unter euch ein Vater, der seinem Sohn eine Schlange gibt, wenn er um einen Fisch bittet, 12oder einen Skorpion, wenn er um ein Ei bittet? 13Wenn nun schon ihr, die ihr böse seid, euren Kindern gebt, was gut ist, wie viel mehr wird der Vater im Himmel den Heiligen Geist denen geben, die ihn bitten.

Bittet,
dann wird euch gegeben.

Verteidigungsrede Jesu 11,14-23

[14]Jesus trieb einen Dämon aus, der stumm war. Als der Dämon den Stummen verlassen hatte, konnte der Mann reden. Alle Leute staunten. [15]Einige von ihnen aber sagten: Mit Hilfe von Beelzebul, dem Anführer der Dämonen, treibt er die Dämonen aus. [16]Andere wollten ihn auf die Probe stellen und forderten von ihm ein Zeichen vom Himmel. [17]Doch er wusste, was sie dachten, und sagte zu ihnen: Jedes Reich, das in sich gespalten ist, wird veröden und ein Haus ums andere stürzt ein. [18]Wenn also der Satan mit sich selbst im Streit liegt, wie kann sein Reich dann Bestand haben? Ihr sagt doch, dass ich die Dämonen mit Hilfe von Beelzebul austreibe. [19]Wenn ich die Dämonen durch Beelzebul austreibe, durch wen treiben dann eure Anhänger sie aus? Sie selbst also sprechen euch das Urteil. [20]Wenn ich aber die Dämonen durch den Finger Gottes austreibe, dann ist doch das Reich Gottes schon zu euch gekommen. [21]Solange ein bewaffneter starker Mann seinen Hof bewacht, ist sein Besitz sicher; [22]wenn ihn aber ein Stärkerer angreift und besiegt, dann nimmt ihm der Stärkere all seine Waffen weg, auf die er sich verlassen hat, und verteilt die Beute. [23]Wer nicht für mich ist, der ist gegen mich; wer nicht mit mir sammelt, der zerstreut.

Von der Rückkehr der unreinen Geister 11,24-26

[24]Ein unreiner Geist, der einen Menschen verlassen hat, wandert durch die Wüste und sucht einen Ort, wo er bleiben kann. Wenn er keinen findet, sagt er: Ich will in mein Haus zurückkehren, das ich verlassen habe. [25]Und wenn er es bei seiner Rückkehr sauber und geschmückt antrifft, [26]dann geht er und holt sieben andere Geister, die noch schlimmer sind als er selbst. Sie ziehen dort ein und lassen sich nieder. So wird es mit diesem Menschen am Ende schlimmer werden als vorher.

Platz reserviert – für wen eigentlich?

Zweierlei Seligpreisungen 27-28

[27]Als er das sagte, rief eine Frau aus der Menge ihm zu: Selig die Frau, deren Leib dich getragen und deren Brust dich genährt hat. [28]Er aber erwiderte: Selig sind vielmehr die, die das Wort Gottes hören und es befolgen.

Die Verweigerung eines Zeichens 11,29-32
[29]Als immer mehr Menschen zu ihm kamen, sagte er: Diese Generation ist böse. Sie fordert ein Zeichen; aber es wird ihr kein anderes gegeben werden als das Zeichen des Jona. [30]Denn wie Jona für die Einwohner von Ninive ein Zeichen war, so wird es auch der Menschensohn für diese Generation sein. [31]Die Königin des Südens wird beim Gericht gegen die Männer dieser Generation auftreten und sie verurteilen; denn sie kam vom Ende der Erde, um die Weisheit Salomos zu hören. Hier aber ist einer, der mehr ist als Salomo. [32]Die Männer von Ninive werden beim Gericht gegen diese Generation auftreten und sie verurteilen; denn sie haben sich nach der Predigt des Jona bekehrt. Hier aber ist einer, der mehr ist als Jona.

Vom Licht und vom Auge 11,33-36
[33]Niemand zündet ein Licht an und stellt es in einen versteckten Winkel oder stülpt ein Gefäß darüber, sondern man stellt es auf einen Leuchter, damit alle, die eintreten, es leuchten sehen. [34]Dein Auge gibt dem Körper Licht. Wenn dein Auge gesund ist, dann wird auch dein ganzer Körper hell sein. Wenn es aber krank ist, dann wird dein Körper finster sein. [35]Achte also darauf, dass in dir nicht Finsternis statt Licht ist. [36]Wenn dein ganzer Körper von Licht erfüllt und nichts Finsteres in ihm ist, dann wird er so hell sein, wie wenn die Lampe dich mit ihrem Schein beleuchtet.

Worte gegen die Pharisäer und die Schriftgelehrten 11,37-54
[37]Nach dieser Rede lud ein Pharisäer Jesus zum Essen ein. Jesus ging zu ihm und setzte sich zu Tisch. [38]Als der Pharisäer sah, dass er sich vor dem Essen nicht die Hände wusch, war er verwundert. [39]Da sagte der Herr zu ihm: O ihr Pharisäer! Ihr haltet zwar Becher und Teller außen sauber, innen aber seid ihr voll Raubgier und Bosheit. [40]Ihr Unverständigen! Hat nicht der, der das Äußere schuf, auch das Innere geschaffen? [41]Gebt lieber, was in den Schüsseln ist, den Armen, dann ist für euch alles rein.

Worum geht es wirklich im Leben?

[42]Doch weh euch Pharisäern! Ihr gebt den Zehnten von Minze, Gewürzkraut und allem Gemüse, die Gerechtigkeit aber und die Liebe zu Gott vergesst ihr. Man muss das eine tun,

ohne das andere zu unterlassen.
43 Weh euch Pharisäern! Ihr wollt in den Synagogen den vordersten Sitz haben und auf den Straßen und Plätzen von allen gegrüßt werden.
44 Weh euch: Ihr seid wie Gräber, die man nicht mehr sieht; die Leute gehen darüber, ohne es zu merken.
45 Darauf erwiderte ihm ein Gesetzeslehrer: Meister, damit beleidigst du auch uns. 46 Er antwortete:
Weh auch euch Gesetzeslehrern! Ihr ladet den Menschen Lasten auf, die sie kaum tragen können, selbst aber rührt ihr keinen Finger dafür.
47 Weh euch! Ihr errichtet Denkmäler für die Propheten, die von euren Vätern umgebracht wurden. 48 Damit bestätigt und billigt ihr, was eure Väter getan haben. Sie haben die Propheten umgebracht, ihr errichtet ihnen Bauten. 49 Deshalb hat auch die Weisheit Gottes gesagt: Ich werde Propheten und Apostel zu ihnen senden und sie werden einige von ihnen töten und andere verfolgen, 50 damit das Blut aller Propheten, das seit der Erschaffung der Welt vergossen worden ist, an dieser Generation gerächt wird, 51 vom Blut Abels bis zum Blut des Zacharias, der im Vorhof zwischen Altar und Tempel umgebracht wurde. Ja, das sage ich euch: An dieser Generation wird es gerächt werden.
52 Weh euch Gesetzeslehrern! Ihr habt den Schlüssel (der Tür) zur Erkenntnis weggenommen. Ihr selbst seid nicht hineingegangen und die, die hineingehen wollten, habt ihr daran gehindert.
53 Als Jesus das Haus verlassen hatte, begannen die Schriftgelehrten und die Pharisäer, ihn mit vielerlei Fragen hartnäckig zu bedrängen; 54 sie versuchten, ihm eine Falle zu stellen, damit er sich in seinen eigenen Worten verfange.

Warnung vor der Heuchelei der Pharisäer 12,1-3

12 Unterdessen strömten Tausende von Menschen zusammen, sodass es ein gefährliches Gedränge gab. Jesus wandte sich zuerst an seine Jünger und sagte: Hütet euch vor dem Sauerteig der Pharisäer, das heißt vor der Heuchelei. 2 Nichts ist verhüllt, was nicht enthüllt wird, und nichts ist verborgen, was nicht bekannt wird. 3 Deshalb wird

Gehemniskrämerei führt selten zum Leben..

man alles, was ihr im Dunkeln redet, am hellen Tag hören,
und was ihr einander hinter verschlossenen Türen ins Ohr
flüstert, das wird man auf den Dächern verkünden.

Aufforderung zum furchtlosen Bekenntnis 12,4-12

[4]Euch aber, meinen Freunden, sage ich: Fürchtet euch nicht
vor denen, die den Leib töten, euch aber sonst nichts tun
können. [5]Ich will euch zeigen, wen ihr fürchten sollt: Fürch-
tet euch vor dem, der nicht nur töten kann, sondern die
Macht hat, euch auch noch in die Hölle zu werfen. Ja, das
sage ich euch: Ihn sollt ihr fürchten. [6]Verkauft man nicht
fünf Spatzen für ein paar Pfennig? Und doch vergisst Gott
nicht einen von ihnen. [7]Bei euch aber sind sogar die Haa-
re auf dem Kopf alle gezählt. Fürchtet euch nicht! Ihr seid
mehr wert als viele Spatzen. [8]Ich sage euch: Wer sich vor
den Menschen zu mir bekennt, zu dem wird sich auch der
Menschensohn vor den Engeln Gottes bekennen. [9]Wer mich
aber vor den Menschen verleugnet, der wird auch vor den
Engeln Gottes verleugnet werden. [10]Jedem, der etwas ge-
gen den Menschensohn sagt, wird vergeben werden; wer
aber den Heiligen Geist lästert, dem wird nicht vergeben.
[11]Wenn man euch vor die Gerichte der Synagogen und vor
die Herrscher und Machthaber schleppt, dann macht euch
keine Sorgen, wie ihr euch verteidigen oder was ihr sagen
sollt. [12]Denn der Heilige Geist wird euch in der gleichen
Stunde eingeben, was ihr sagen müsst.

Für wen bist Du?

Das Beispiel von der falschen Selbstsicherheit des reichen Mannes 12,13-21

[13]Einer aus der Volksmenge bat Jesus: Meister, sag meinem
Bruder, er soll das Erbe mit mir teilen. [14]Er erwiderte ihm:
Mensch, wer hat mich zum Richter oder Schlichter bei euch
gemacht? [15]Dann sagte er zu den Leuten: Gebt Acht, hütet
euch vor jeder Art von Habgier. Denn der Sinn des Lebens
besteht nicht darin, dass ein Mensch aufgrund seines gro-
ßen Vermögens im Überfluss lebt.

Gutes Leben hängt nicht vom Vermögen ab.

[16]Und er erzählte ihnen folgendes Beispiel: Auf den Feldern
eines reichen Mannes stand eine gute Ernte. [17]Da überlegte
er hin und her: Was soll ich tun? Ich weiß nicht, wo ich meine

Ernte unterbringen soll. [18]Schließlich sagte er: So will ich es machen: Ich werde meine Scheunen abreißen und größere bauen; dort werde ich mein ganzes Getreide und meine Vorräte unterbringen. [19]Dann kann ich zu mir selber sagen: Nun hast du einen großen Vorrat, der für viele Jahre reicht. Ruh dich aus, iss und trink und freu dich des Lebens! [20]Da sprach Gott zu ihm: Du Narr! Noch in dieser Nacht wird man dein Leben von dir zurückfordern. Wem wird dann all das gehören, was du angehäuft hast? [21]So geht es jedem, der nur für sich selbst Schätze sammelt, aber vor Gott nicht reich ist.

Der Sinn des Lebens kann nicht darin bestehen, zu arbeiten und seinen Reichtum zu vermehren!

Von der falschen und der rechten Sorge: 12,22-32

[22]Und er sagte zu seinen Jüngern: Deswegen sage ich euch: Sorgt euch nicht um euer Leben und darum, dass ihr etwas zu essen habt, noch um euren Leib und darum, dass ihr etwas anzuziehen habt. [23]Das Leben ist wichtiger als die Nahrung und der Leib wichtiger als die Kleidung. [24]Seht auf die Raben: Sie säen nicht und ernten nicht, sie haben keinen Speicher und keine Scheune; denn Gott ernährt sie. Wie viel mehr seid ihr wert als die Vögel! [25]Wer von euch kann mit all seiner Sorge sein Leben auch nur um eine kleine Zeitspanne verlängern? [26]Wenn ihr nicht einmal etwas so Geringes könnt, warum macht ihr euch dann Sorgen um all das übrige? [27]Seht euch die Lilien an: Sie arbeiten nicht und spinnen nicht. Doch ich sage euch: Selbst Salomo war in all seiner Pracht nicht gekleidet wie eine von ihnen. [28]Wenn aber Gott schon das Gras so prächtig kleidet, das heute auf dem Feld steht und morgen ins Feuer geworfen wird, wie viel mehr dann euch, ihr Kleingläubigen! [29]Darum fragt nicht, was ihr essen und was ihr trinken sollt, und ängstigt euch nicht! [30]Denn um all das geht es den Heiden in der Welt. Euer Vater weiß, dass ihr das braucht. [31]Euch jedoch muss es um sein Reich gehen; dann wird euch das andere dazugegeben.

Ängstige Dich nicht!

[32]Fürchte dich nicht, du kleine Herde! Denn euer Vater hat beschlossen, euch das Reich zu geben.

Vom wahren Schatz 12,33-34

33Verkauft eure Habe und gebt den Erlös den Armen! Macht
euch Geldbeutel, die nicht zerreißen. Verschafft euch einen
Schatz, der nicht abnimmt, droben im Himmel, wo kein
Dieb ihn findet und keine Motte ihn frisst. 34Denn wo euer
Schatz ist, da ist auch euer Herz.

Umverteilung von oben nach unten!

Das Gleichnis vom treuen und vom schlechten Knecht 12,35-48

35Legt euren Gürtel nicht ab und lasst eure Lampen bren-
nen! 36Seid wie Menschen, die auf die Rückkehr ihres Herrn
warten, der auf einer Hochzeit ist, und die ihm öffnen, so-
bald er kommt und anklopft. 37Selig die Knechte, die der
Herr wach findet, wenn er kommt! Amen, ich sage euch:
Er wird sich gürten, sie am Tisch Platz nehmen lassen und
sie der Reihe nach bedienen. 38Und kommt er erst in der
zweiten oder dritten Nachtwache und findet sie wach – se-
lig sind sie. 39Bedenkt: Wenn der Herr des Hauses wüsste, in
welcher Stunde der Dieb kommt, so würde er verhindern,
dass man in sein Haus einbricht. 40Haltet auch ihr euch be-
reit! Denn der Menschensohn kommt zu einer Stunde, in
der ihr es nicht erwartet.
41Da sagte Petrus: Herr, meinst du mit diesem Gleichnis nur
uns oder auch all die anderen?
42Der Herr antwortete: Wer ist denn der treue und kluge
Verwalter, den der Herr einsetzen wird, damit er seinem
Gesinde zur rechten Zeit die Nahrung zuteilt? 43Selig der
Knecht, den der Herr damit beschäftigt findet, wenn er
kommt! 44Wahrhaftig, das sage ich euch: Er wird ihn zum
Verwalter seines ganzen Vermögens machen. 45Wenn aber
der Knecht denkt: Mein Herr kommt noch lange nicht zu-
rück!, und anfängt, die Knechte und Mägde zu schlagen;
wenn er isst und trinkt und sich berauscht, 46dann wird der
Herr an einem Tag kommen, an dem der Knecht es nicht
erwartet, und zu einer Stunde, die er nicht kennt; und der
Herr wird ihn in Stücke hauen und ihm seinen Platz unter
den Ungläubigen zuweisen.

Wachsam sein! Die Mahnung an die ersten Christen gilt auch mir! Nicht auf die leichte Schulter nehmen.

[47]Der Knecht, der den Willen seines Herrn kennt, sich aber
nicht darum kümmert und nicht danach handelt, der wird
viele Schläge bekommen. [48]Wer aber, ohne den Willen des
Herrn zu kennen, etwas tut, was Schläge verdient, der wird
wenig Schläge bekommen. Wem viel gegeben wurde, von
dem wird viel zurückgefordert werden, und wem man viel
anvertraut hat, von dem wird man um so mehr verlangen.

Von Frieden und Zwietracht 12,49-53
[49]Ich bin gekommen, um Feuer auf die Erde zu werfen. Wie
froh wäre ich, es würde schon brennen! [50]Ich muss mit einer
Taufe getauft werden und ich bin sehr bedrückt, solange
sie noch nicht vollzogen ist. [51]Meint ihr, ich sei gekommen,
um Frieden auf die Erde zu bringen? Nein, sage ich euch,
nicht Frieden, sondern Spaltung. [52]Denn von nun an wird
es so sein: Wenn fünf Menschen im gleichen Haus leben,
wird Zwietracht herrschen: Drei werden gegen zwei stehen
und zwei gegen drei, [53]der Vater gegen den Sohn und der
Sohn gegen den Vater, die Mutter gegen die Tochter und
die Tochter gegen die Mutter, die Schwiegermutter gegen
ihre Schwiegertochter und die Schwiegertochter gegen die
Schwiegermutter.

Feuer = Gericht
Gewagte Worte!
Klare Haltung und Mut zur Auseinandersetzung!
Kein fauler Frieden!
Andere Meinungen aushalten!

Von den Zeichen der Zeit 12,54-57
[54]Außerdem sagte Jesus zu den Leuten: Sobald ihr im Wes-
ten Wolken aufsteigen seht, sagt ihr: Es gibt Regen. Und es
kommt so. [55]Und wenn der Südwind weht, dann sagt ihr:
Es wird heiß. Und es trifft ein. [56]Ihr Heuchler! Das Aussehen
der Erde und des Himmels könnt ihr deuten. Warum könnt
ihr dann die Zeichen dieser Zeit nicht deuten? [57]Warum fin-
det ihr nicht schon von selbst das rechte Urteil?

Von der Versöhnung 12,58-59
[58]Wenn du mit deinem Gegner vor Gericht gehst, bemüh dich
noch auf dem Weg, dich mit ihm zu einigen. Sonst wird er
dich vor den Richter schleppen und der Richter wird dich dem
Gerichtsdiener übergeben, und der Gerichtsdiener wird dich
ins Gefängnis werfen. [59]Ich sage dir: Du kommst von dort
nicht heraus, bis du auch den letzten Pfennig bezahlt hast.

Mahnung zur Umkehr 13,1-9

13 Zu dieser Zeit kamen einige Leute zu Jesus und be-
richteten ihm von den Galiläern, die Pilatus beim
Opfern umbringen ließ, sodass sich ihr Blut mit dem ihrer
Opfertiere vermischte.
[2]Da sagte er zu ihnen: Meint ihr, dass nur diese Galiläer Sün-
der waren, weil das mit ihnen geschehen ist, alle anderen
Galiläer aber nicht? [3]Nein, im Gegenteil: Ihr alle werdet
genauso umkommen, wenn ihr euch nicht bekehrt. [4]Oder
jene achtzehn Menschen, die beim Einsturz des Turms von
Schiloach erschlagen wurden – meint ihr, dass nur sie Schuld
auf sich geladen hatten, alle anderen Einwohner von Jeru-
salem aber nicht? [5]Nein, im Gegenteil: Ihr alle werdet ge-
nauso umkommen, wenn ihr euch nicht bekehrt. [6]*Und er
erzählte ihnen dieses Gleichnis: Ein Mann hatte in seinem
Weinberg einen Feigenbaum; und als er kam und nachsah,
ob er Früchte trug, fand er keine. [7]Da sagte er zu seinem
Weingärtner: Jetzt komme ich schon drei Jahre und sehe
nach, ob dieser Feigenbaum Früchte trägt, und finde nichts.
Hau ihn um! Was soll er weiter dem Boden seine Kraft neh-
men? [8]Der Weingärtner erwiderte: Herr, lass ihn dieses Jahr
noch stehen; ich will den Boden um ihn herum aufgraben
und düngen. [9]Vielleicht trägt er doch noch Früchte; wenn
nicht, dann lass ihn umhauen.*

Gott hat Geduld mit mir!
Aber irgendwann wird er
mich fragen:
Was hast Du getan?
Was hast Du nicht getan?

Die Heilung einer Frau am Sabbat 13,10-17

[10]Am Sabbat lehrte Jesus in einer Synagoge. [11]Dort saß eine
Frau, die seit achtzehn Jahren krank war, weil sie von einem
Dämon geplagt wurde; ihr Rücken war verkrümmt und sie
konnte nicht mehr aufrecht gehen. [12]Als Jesus sie sah, rief er
sie zu sich und sagte: Frau, du bist von deinem Leiden erlöst.
[13]Und er legte ihr die Hände auf. Im gleichen Augenblick
richtete sie sich auf und pries Gott. [14]Der Synagogenvorste-
her aber war empört darüber, dass Jesus am Sabbat heilte,
und sagte zu den Leuten: Sechs Tage sind zum Arbeiten da.
Kommt also an diesen Tagen und lasst euch heilen, nicht
am Sabbat! [15]Der Herr erwiderte ihm: Ihr Heuchler! Bindet
nicht jeder von euch am Sabbat seinen Ochsen oder Esel
von der Krippe los und führt ihn zur Tränke? [16]Diese Tochter

Sechs Tage sind zum
Arbeiten da! Und viele haben
Zwangspause auf einem
Parkplatz.

Abrahams aber, die der Satan schon seit achtzehn Jahren gefesselt hielt, sollte am Sabbat nicht davon befreit werden dürfen? [17]Durch diese Worte wurden alle seine Gegner beschämt; das ganze Volk aber freute sich über all die großen Taten, die er vollbrachte.

Das Gleichnis vom Senfkorn 13,18-19

Macht das nicht doch Hoffnung, auch wenn ich das Wirken Gottes in der Welt oft nicht sehe?

[18]Er sagte: Wem ist das Reich Gottes ähnlich, womit soll ich es vergleichen? [19]Es ist wie ein Senfkorn, das ein Mann in seinem Garten in die Erde steckte; es wuchs und wurde zu einem Baum und die Vögel des Himmels nisteten in seinen Zweigen.

Das Gleichnis vom Sauerteig 13,20-21

[20]Außerdem sagte er: Womit soll ich das Reich Gottes vergleichen? [21]Es ist wie der Sauerteig, den eine Frau unter einen großen Trog Mehl mischte, bis das Ganze durchsäuert war.

Von der neuen Ordnung im Reich Gottes 13,22 - 19,27

Von der engen und von der verschlossenen Tür 13,22-30

[22]Auf seinem Weg nach Jerusalem zog er von Stadt zu Stadt und von Dorf zu Dorf und lehrte. [23]Da fragte ihn einer: Herr, sind es nur wenige, die gerettet werden? Er sagte zu ihnen: [24]Bemüht euch mit allen Kräften, durch die enge Tür zu gelangen; denn viele, sage ich euch, werden versuchen hineinzukommen, aber es wird ihnen nicht gelingen.

[25]Wenn der Herr des Hauses aufsteht und die Tür verschließt, dann steht ihr draußen, klopft an die Tür und ruft: Herr, mach uns auf! Er aber wird euch antworten: Ich weiß nicht, woher ihr seid. [26]Dann werdet ihr sagen: Wir haben doch mit dir gegessen und getrunken und du hast auf unseren Straßen gelehrt. [27]Er aber wird erwidern: Ich sage euch, ich weiß nicht, woher ihr seid. Weg von mir, ihr habt alle Unrecht getan! [28]Da werdet ihr heulen und mit den Zähnen knirschen, wenn ihr seht, dass Abraham, Isaak und Jakob und alle Propheten im Reich Gottes sind, ihr selbst aber ausgeschlossen seid. [29]Und man wird von Osten und Westen und von Norden und Süden kommen und im Reich Gottes

zu Tisch sitzen. [30]Dann werden manche von den Letzten die Ersten sein und manche von den Ersten die Letzten.

„Ich glaube an das Gute im Menschen, rate aber, sich auf das Schlechte in ihm zu verlassen."
(Alfred Polgar)

Der Abschied von Galiläa 13,31-35

[31]Zu dieser Zeit kamen einige Pharisäer zu ihm und sagten: Geh weg, verlass dieses Gebiet, denn Herodes will dich töten. [32]Er antwortete ihnen: Geht und sagt diesem Fuchs: Ich treibe Dämonen aus und heile Kranke, heute und morgen, und am dritten Tag werde ich mein Werk vollenden. [33]Doch heute und morgen und am folgenden Tag muss ich weiterwandern; denn ein Prophet darf nirgendwo anders als in Jerusalem umkommen.

[34]Jerusalem, Jerusalem, du tötest die Propheten und steinigst die Boten, die zu dir gesandt sind. Wie oft wollte ich deine Kinder um mich sammeln, so wie eine Henne ihre Küken unter ihre Flügel nimmt; aber ihr habt nicht gewollt. [35]Darum wird euer Haus (von Gott) verlassen. Ich sage euch: Ihr werdet mich nicht mehr sehen, bis die Zeit kommt, in der ihr ruft: Gesegnet sei er, der kommt im Namen des Herrn!

Die Heilung eines Wassersüchtigen am Sabbat 14,1-6

14 Als Jesus an einem Sabbat in das Haus eines führenden Pharisäers zum Essen kam, beobachtete man ihn genau. [2] Da stand auf einmal ein Mann vor ihm, der an Wassersucht litt. [3]Jesus wandte sich an die Gesetzeslehrer und die Pharisäer und fragte: Ist es am Sabbat erlaubt zu heilen, oder nicht? [4]Sie schwiegen. Da berührte er den Mann, heilte ihn und ließ ihn gehen. [5]Zu ihnen aber sagte er: Wer von euch wird seinen Sohn oder seinen Ochsen, der in den Brunnen fällt, nicht sofort herausziehen, auch am Sabbat? [6]Darauf konnten sie ihm nichts erwidern.

Mahnung zur Bescheidenheit 14,7-11

[7]Als er bemerkte, wie sich die Gäste die Ehrenplätze aussuchten, nahm er das zum Anlass, ihnen eine Lehre zu erteilen. Er sagte zu ihnen: [8]Wenn du zu einer Hochzeit eingeladen bist, such dir nicht den Ehrenplatz aus. Denn es könnte ein anderer eingeladen sein, der vornehmer ist als du, [9]und dann würde der Gastgeber, der dich und ihn eingeladen hat, kommen und zu dir sagen: Mach diesem hier Platz! Du aber wärst beschämt und müsstest den untersten Platz einnehmen. [10]Wenn du also eingeladen bist, setz dich lieber, wenn du hinkommst, auf den untersten Platz; dann wird der Gastgeber zu dir kommen und sagen: Mein Freund, rück weiter hinauf! Das wird für dich eine Ehre sein vor allen anderen Gästen. [11]Denn wer sich selbst erhöht, wird erniedrigt, und wer sich selbst erniedrigt, wird erhöht werden.

Bescheidenheit ist Trumpf!

Von den rechten Gästen 14,12-14

[12]Dann sagte er zu dem Gastgeber: Wenn du mittags oder abends ein Essen gibst, so lade nicht deine Freunde oder deine Brüder, deine Verwandten oder reiche Nachbarn ein; sonst laden auch sie dich ein, und damit ist dir wieder alles vergolten. [13]Nein, wenn du ein Essen gibst, dann lade Arme, Krüppel, Lahme und Blinde ein. [14]Du wirst selig sein, denn sie können es dir nicht vergelten; es wird dir vergolten werden bei der Auferstehung der Gerechten.

Das Gleichnis vom Festmahl 14,15-24

Auch Du bist eingeladen!

[15]Als einer der Gäste das hörte, sagte er zu Jesus: Selig, wer im Reich Gottes am Mahl teilnehmen darf. [16]Jesus sagte zu ihm: Ein Mann veranstaltete ein großes Festmahl und lud viele dazu ein. [17]Als das Fest beginnen sollte, schickte er seinen Diener und ließ den Gästen, die er eingeladen hatte, sagen: Kommt, es steht alles bereit! [18]Aber einer nach dem andern ließ sich entschuldigen. Der erste ließ ihm sagen: Ich habe einen Acker gekauft und muss jetzt gehen und ihn besichtigen. Bitte, entschuldige mich! [19]Ein anderer sagte: Ich habe fünf Ochsengespanne gekauft und bin auf dem Weg, sie mir genauer anzusehen. Bitte, entschuldige mich! [20]Wieder ein anderer sagte: Ich habe geheiratet und kann

deshalb nicht kommen. [21]Der Diener kehrte zurück und berichtete alles seinem Herrn. Da wurde der Herr zornig und sagte zu seinem Diener: Geh schnell auf die Straßen und Gassen der Stadt und hol die Armen und die Krüppel, die Blinden und die Lahmen herbei. [22]Bald darauf meldete der Diener: Herr, dein Auftrag ist ausgeführt; aber es ist immer noch Platz. [23]Da sagte der Herr zu dem Diener: Dann geh auf die Landstraßen und vor die Stadt hinaus und nötige die Leute zu kommen, damit mein Haus voll wird. [24]Das aber sage ich euch: Keiner von denen, die eingeladen waren, wird an meinem Mahl teilnehmen.

Vom Ernst der Nachfolge 14,25-35

[25]Viele Menschen begleiteten ihn; da wandte er sich an sie und sagte: [26]Wenn jemand zu mir kommt und nicht Vater und Mutter, Frau und Kinder, Brüder und Schwestern, ja sogar sein Leben gering achtet, dann kann er nicht mein Jünger sein. [27]Wer nicht sein Kreuz trägt und mir nachfolgt, der kann nicht mein Jünger sein.

[28]Wenn einer von euch einen Turm bauen will, setzt er sich dann nicht zuerst hin und rechnet, ob seine Mittel für das ganze Vorhaben ausreichen? [29]Sonst könnte es geschehen, dass er das Fundament gelegt hat, dann aber den Bau nicht fertig stellen kann. Und alle, die es sehen, würden ihn verspotten [30]und sagen: Der da hat einen Bau begonnen und konnte ihn nicht zu Ende führen.

[31]Oder wenn ein König gegen einen anderen in den Krieg zieht, setzt er sich dann nicht zuerst hin und überlegt, ob er sich mit seinen zehntausend Mann dem entgegenstellen kann, der mit zwanzigtausend gegen ihn anrückt? [32]Kann er es nicht, dann schickt er eine Gesandtschaft, solange der andere noch weit weg ist, und bittet um Frieden.

[33]Darum kann keiner von euch mein Jünger sein, wenn er nicht auf seinen ganzen Besitz verzichtet.

[34]Das Salz ist etwas Gutes. Wenn aber das Salz seinen Geschmack verliert, womit kann man ihm die Würze wiedergeben? [35]Es taugt weder für den Acker noch für den Misthaufen, man wirft es weg. Wer Ohren hat zum Hören, der höre!

Die Gleichnisse vom verlorenen Schaf und von der verlorenen Drachme 15,1-10

15 Alle Zöllner und Sünder kamen zu ihm, um ihn zu hören.
[2]Die Pharisäer und die Schriftgelehrten empörten
sich darüber und sagten: Er gibt sich mit Sündern ab und
isst sogar mit ihnen.
[3]Da erzählte er ihnen ein Gleichnis und sagte: [4]Wenn einer
von euch hundert Schafe hat und eins davon verliert, lässt
er dann nicht die neunundneunzig in der Steppe zurück
und geht dem verlorenen nach, bis er es findet? [5]Und wenn
er es gefunden hat, nimmt er es voll Freude auf die Schul-
tern, [6]und wenn er nach Hause kommt, ruft er seine Freun-
de und Nachbarn zusammen und sagt zu ihnen: Freut euch
mit mir; ich habe mein Schaf wiedergefunden, das verlo-
ren war. [7]Ich sage euch: Ebenso wird auch im Himmel mehr
Freude herrschen über einen einzigen Sünder, der umkehrt,
als über neunundneunzig Gerechte, die es nicht nötig ha-
ben umzukehren.

Gott sucht die Verlorenen.

[8]Oder wenn eine Frau zehn Drachmen hat und eine davon
verliert, zündet sie dann nicht eine Lampe an, fegt das
ganze Haus und sucht unermüdlich, bis sie das Geldstück
findet? [9]Und wenn sie es gefunden hat, ruft sie ihre Freun-
dinnen und Nachbarinnen zusammen und sagt: Freut euch
mit mir; ich habe die Drachme wiedergefunden, die ich
verloren hatte. [10]Ich sage euch: Ebenso herrscht auch bei
den Engeln Gottes Freude über einen einzigen Sünder, der
umkehrt.

Das Gleichnis vom verlorenen Sohn 15,11-32

[11]Weiter sagte Jesus: Ein Mann hatte zwei Söhne. [12]Der jün-
gere von ihnen sagte zu seinem Vater: Vater, gib mir das
Erbteil, das mir zusteht. Da teilte der Vater das Vermögen
auf. [13]Nach wenigen Tagen packte der jüngere Sohn alles
zusammen und zog in ein fernes Land. Dort führte er ein
zügelloses Leben und verschleuderte sein Vermögen. [14]Als
er alles durchgebracht hatte, kam eine große Hungersnot
über das Land und es ging ihm sehr schlecht. [15]Da ging
er zu einem Bürger des Landes und drängte sich ihm auf;
der schickte ihn aufs Feld zum Schweinehüten. [16]Er hätte

gern seinen Hunger mit den Futterschoten gestillt, die die
Schweine fraßen; aber niemand gab ihm davon. [17]Da ging
er in sich und sagte: Wie viele Tagelöhner meines Vaters
haben mehr als genug zu essen und ich komme hier vor
Hunger um. [18]Ich will aufbrechen und zu meinem Vater ge-
hen und zu ihm sagen: Vater, ich habe mich gegen den Him-
mel und gegen dich versündigt. [19]Ich bin nicht mehr wert,
dein Sohn zu sein; mach mich zu einem deiner Tagelöhner.
[20]Dann brach er auf und ging zu seinem Vater. Der Vater
sah ihn schon von weitem kommen und er hatte Mitleid mit
ihm. Er lief dem Sohn entgegen, fiel ihm um den Hals und
küsste ihn. [21]Da sagte der Sohn: Vater, ich habe mich gegen
den Himmel und gegen dich versündigt; ich bin nicht mehr
wert, dein Sohn zu sein. [22]Der Vater aber sagte zu seinen
Knechten: Holt schnell das beste Gewand und zieht es ihm
an, steckt ihm einen Ring an die Hand und zieht ihm Schuhe
an. [23]Bringt das Mastkalb her und schlachtet es; wir wollen
essen und fröhlich sein. [24]Denn mein Sohn war tot und lebt
wieder; er war verloren und ist wiedergefunden worden.
Und sie begannen, ein fröhliches Fest zu feiern.
[25]Sein älterer Sohn war unterdessen auf dem Feld. Als er
heimging und in die Nähe des Hauses kam, hörte er Musik
und Tanz. [26]Da rief er einen der Knechte und fragte, was
das bedeuten solle. [27]Der Knecht antwortete: Dein Bruder
ist gekommen und dein Vater hat das Mastkalb schlachten
lassen, weil er ihn heil und gesund wiederbekommen hat.
[28]Da wurde er zornig und wollte nicht hineingehen. Sein
Vater aber kam heraus und redete ihm gut zu. [29]Doch er
erwiderte dem Vater: So viele Jahre schon diene ich dir, und
nie habe ich gegen deinen Willen gehandelt; mir aber hast
du nie auch nur einen Ziegenbock geschenkt, damit ich mit
meinen Freunden ein Fest feiern konnte. [30]Kaum aber ist
der hier gekommen, dein Sohn, der dein Vermögen mit Dir-
nen durchgebracht hat, da hast du für ihn das Mastkalb ge-
schlachtet. [31]Der Vater antwortete ihm: Mein Kind, du bist
immer bei mir, und alles, was mein ist, ist auch dein. [32]Aber
jetzt müssen wir uns doch freuen und ein Fest feiern; denn
dein Bruder war tot und lebt wieder; er war verloren und ist
wiedergefunden worden.

So handelt auch Gott an uns!

Das Gleichnis vom klugen Verwalter 16,1-8

16 Jesus sagte zu den Jüngern: Ein reicher Mann hatte
einen Verwalter. Diesen beschuldigte man bei ihm, er
verschleudere sein Vermögen. [2]Darauf ließ er ihn rufen und
sagte zu ihm: Was höre ich über dich? Leg Rechenschaft ab
über deine Verwaltung! Du kannst nicht länger mein Verwal-
ter sein. [3]Da überlegte der Verwalter: Mein Herr entzieht mir
die Verwaltung. Was soll ich jetzt tun? Zu schwerer Arbeit
tauge ich nicht, und zu betteln schäme ich mich. [4]Doch – ich
weiß, was ich tun muss, damit mich die Leute in ihre Häuser
aufnehmen, wenn ich als Verwalter abgesetzt bin. [5]Und er
ließ die Schuldner seines Herrn, einen nach dem andern, zu
sich kommen und fragte den ersten: Wie viel bist du meinem
Herrn schuldig? [6]Er antwortete: Hundert Fass Öl. Da sagte er
zu ihm: Nimm deinen Schuldschein, setz dich gleich hin und
schreib «fünfzig». [7]Dann fragte er einen andern: Wie viel bist
du schuldig? Der antwortete: Hundert Sack Weizen. Da sagte
er zu ihm: Nimm deinen Schuldschein und schreib «achtzig».
[8]Und der Herr lobte die Klugheit des unehrlichen Verwal-
ters und sagte: Die Kinder dieser Welt sind im Umgang mit
ihresgleichen klüger als die Kinder des Lichtes.

Wenn alles verloren ist, handle klug und denke an die Zukunft!

Vom rechten Gebrauch des Reichtum 16,9-13

[9]Ich sage euch: Macht euch Freunde mit Hilfe des ungerech-
ten Mammons, damit ihr in die ewigen Wohnungen aufge-
nommen werdet, wenn es (mit euch) zu Ende geht [10]Wer in
den kleinsten Dingen zuverlässig ist, der ist es auch in den
großen, und wer bei den kleinsten Dingen Unrecht tut, der
tut es auch bei den großen. [11]Wenn ihr im Umgang mit dem
ungerechten Reichtum nicht zuverlässig gewesen seid, wer
wird euch dann das wahre Gut anvertrauen?
[12]Und wenn ihr im Umgang mit dem fremden Gut nicht zu-
verlässig gewesen seid, wer wird euch dann euer (wahres)
Eigentum geben?
[13]Kein Sklave kann zwei Herren dienen; er wird entweder
den einen hassen und den andern lieben, oder er wird zu
dem einen halten und den andern verachten. Ihr könnt
nicht beiden dienen, Gott und dem Mammon.

Das Urteil Jesu über die Pharisäer 16,14-15

[14]Das alles hörten auch die Pharisäer, die sehr am Geld hin-
gen, und sie lachten über ihn. [15]Da sagte er zu ihnen: Ihr
redet den Leuten ein, dass ihr gerecht seid; aber Gott kennt
euer Herz. Denn was die Menschen für großartig halten,
das ist in den Augen Gottes ein Gräuel.

Vom Gesetz und von der Ehescheidung 16,16-18

[16]Bis zu Johannes hatte man nur das Gesetz und die Pro-
pheten. Seitdem wird das Evangelium vom Reich Gottes
verkündet und alle drängen sich danach, hineinzukommen.
[17]Aber eher werden Himmel und Erde vergehen, als dass
auch nur der kleinste Buchstabe im Gesetz wegfällt.
[18]Wer seine Frau aus der Ehe entlässt und eine andere heiratet,
begeht Ehebruch; auch wer eine Frau heiratet, die von ihrem
Mann aus der Ehe entlassen worden ist, begeht Ehebruch.

Das Beispiel vom reichen Mann und vom armen Lazarus 16,19-31

[19]Es war einmal ein reicher Mann, der sich in Purpur und fei-
nes Leinen kleidete und Tag für Tag herrlich und in Freuden
lebte. [20]Vor der Tür des Reichen aber lag ein armer Mann
namens Lazarus, dessen Leib voller Geschwüre war. [21]Er hät-
te gern seinen Hunger mit dem gestillt, was vom Tisch des
Reichen herunterfiel. Stattdessen kamen die Hunde und
leckten an seinen Geschwüren. [22]Als nun der Arme starb,
wurde er von den Engeln in Abrahams Schoß getragen.
Auch der Reiche starb und wurde begraben. [23]In der Un-
terwelt, wo er qualvolle Schmerzen litt, blickte er auf und
sah von weitem Abraham, und Lazarus in seinem Schoß.
[24]Da rief er: Vater Abraham, hab Erbarmen mit mir und
schick Lazarus zu mir; er soll wenigstens die Spitze seines
Fingers ins Wasser tauchen und mir die Zunge kühlen, denn
ich leide große Qual in diesem Feuer. [25]Abraham erwiderte:
Mein Kind, denk daran, dass du schon zu Lebzeiten deinen
Anteil am Guten erhalten hast, Lazarus aber nur Schlechtes.
Jetzt wird er dafür getröstet, du aber musst leiden. [26]Außer-
dem ist zwischen uns und euch ein tiefer, unüberwindlicher
Abgrund, sodass niemand von hier zu euch oder von dort

zu uns kommen kann, selbst wenn er wollte. [27]Da sagte der Reiche: Dann bitte ich dich, Vater, schick ihn in das Haus meines Vaters! [28]Denn ich habe noch fünf Brüder. Er soll sie warnen, damit nicht auch sie an diesen Ort der Qual kommen. [29]Abraham aber sagte: Sie haben Mose und die Propheten, auf die sollen sie hören. [30]Er erwiderte: Nein, Vater Abraham, nur wenn einer von den Toten zu ihnen kommt, werden sie umkehren. [31]Darauf sagte Abraham: Wenn sie auf Mose und die Propheten nicht hören, werden sie sich auch nicht überzeugen lassen, wenn einer von den Toten aufersteht.

Mahnung an die Reichen und Wohlhabenden.

Warnung vor der Verführung 17,1-3a

17 Er sagte zu seinen Jüngern:
Es ist unvermeidlich, dass Verführugen kommen.
Aber wehe dem, der sie verschuldet.
[2]Es wäre besser für ihn, man würde ihn mit einem Mühlstein um den Hals ins Meer werfen, als dass er einen von diesen Kleinen zum Bösen verführt. [3a]Seht euch vor!

Von der Pflicht zur Vergebung 17,3b-4

[3b]Wenn dein Bruder sündigt, weise ihn zurecht; und wenn er sich ändert, vergib ihm. [4]Und wenn er sich siebenmal am Tag gegen dich versündigt und siebenmal wieder zu dir kommt und sagt: Ich will mich ändern!, so sollst du ihm vergeben.

Einander vergeben!

Von der Macht des Glaubens 17,5-6

[5]Die Apostel baten den Herrn: Stärke unseren Glauben! [6]Der Herr erwiderte: Wenn euer Glaube auch nur so groß wäre wie ein Senfkorn, würdet ihr zu dem Maulbeerbaum hier sagen: Heb dich samt deinen Wurzeln aus dem Boden und verpflanz dich ins Meer!, und er würde euch gehorchen.

Das Gleichnis vom unnützen Sklaven 17,7-10

[7]Wenn einer von euch einen Sklaven hat, der pflügt oder das Vieh hütet, wird er etwa zu ihm, wenn er vom Feld kommt, sagen: Nimm gleich Platz zum Essen? [8]Wird er nicht

vielmehr zu ihm sagen: Mach mir etwas zu essen, gürte dich
und bediene mich; wenn ich gegessen und getrunken habe,
kannst auch du essen und trinken. [9]Bedankt er sich etwa bei
dem Sklaven, weil er getan hat, was ihm befohlen wurde?
[10]So soll es auch bei euch sein: Wenn ihr alles getan habt,
was euch befohlen wurde, sollt ihr sagen: Wir sind unnütze
Sklaven; wir haben nur unsere Schuldigkeit getan.

Der dankbare Samariter 17,11-19

[11]Auf dem Weg nach Jerusalem zog Jesus durch das Grenz-
gebiet von Samarien und Galiläa. [12]Als er in ein Dorf hinein-
gehen wollte, kamen ihm zehn Aussätzige entgegen. Sie
blieben in der Ferne stehen [13]und riefen: Jesus, Meister, hab
Erbarmen mit uns! [14]Als er sie sah, sagte er zu ihnen: Geht,
zeigt euch den Priestern! Und während sie zu den Priestern
gingen, wurden sie rein. [15]Einer von ihnen aber kehrte um,
als er sah, dass er geheilt war; und er lobte Gott mit lauter
Stimme. [16]Er warf sich vor den Füßen Jesu zu Boden und
dankte ihm. Dieser Mann war aus Samarien. [17]Da sagte Je-
sus: Es sind doch alle zehn rein geworden. Wo sind die übri-
gen neun? [18]Ist denn keiner umgekehrt, um Gott zu ehren,
außer diesem Fremden? [19]Und er sagte zu ihm: Steh auf und
geh! Dein Glaube hat dir geholfen.

Wenn Gott hilft, vergiss das Danken nicht!

Vom Kommen des Gottesreiches 17,20-21

[20]Als Jesus von den Pharisäern gefragt wurde, wann das Reich
Gottes komme, antwortete er: Das Reich Gottes kommt nicht
so, dass man es an äußeren Zeichen erkennen könnte. [21]Man
kann auch nicht sagen: Seht, hier ist es!, oder: Dort ist es!
Denn: Das Reich Gottes ist (schon) mitten unter euch.

Vom Kommen des Menschensohnes 17,22-37

[22]Er sagte zu den Jüngern: Es wird eine Zeit kommen, in der
ihr euch danach sehnt, auch nur einen von den Tagen des
Menschensohnes zu erleben; aber ihr werdet ihn nicht erle-
ben. [23]Und wenn man zu euch sagt: Dort ist er! Hier ist er!,
so geht nicht hin und lauft nicht hinterher! [24]Denn wie der
Blitz von einem Ende des Himmels bis zum andern leuchtet,
so wird der Menschensohn an seinem Tag erscheinen. [25]Vor-

her aber muss er vieles erleiden und von dieser Generation verworfen werden. [26]Und wie es zur Zeit des Noach war, so wird es auch in den Tagen des Menschensohnes sein. [27]Die Menschen aßen und tranken und heirateten bis zu dem Tag, an dem Noach in die Arche ging; dann kam die Flut und vernichtete alle. [28]Und es wird ebenso sein, wie es zur Zeit des Lot war: Sie aßen und tranken, kauften und verkauften, pflanzten und bauten. [29]Aber an dem Tag, als Lot Sodom verließ, regnete es Feuer und Schwefel vom Himmel und alle kamen um. [30]Ebenso wird es an dem Tag sein, an dem sich der Menschensohn offenbart. [31]Wer dann auf dem Dach ist und seine Sachen im Haus hat, soll nicht hinabsteigen, um sie zu holen, und wer auf dem Feld ist, soll nicht zurückkehren. [32]Denkt an die Frau des Lot! [33]Wer sein Leben zu bewahren sucht, wird es verlieren; wer es dagegen verliert, wird es gewinnen. [34]Ich sage euch: Von zwei Männern, die in jener Nacht auf einem Bett liegen, wird der eine mitgenommen und der andere zurückgelassen. [35]Von zwei Frauen, die mit derselben Mühle Getreide mahlen, wird die eine mitgenommen und die andere zurückgelassen. [36] [37]Da fragten sie ihn: Wo wird das geschehen, Herr? Er antwortete: Wo ein Aas ist, da sammeln sich auch die Geier.

Er wird kommen!

Das Gleichnis vom gottlosen Richter und der Witwe 18,1-8

18 Jesus sagte ihnen durch ein Gleichnis, dass sie allezeit beten und darin nicht nachlassen sollten: [2]In einer Stadt lebte ein Richter, der Gott nicht fürchtete und auf keinen Menschen Rücksicht nahm. [3]In der gleichen Stadt lebte auch eine Witwe, die immer wieder zu ihm kam und sagte: Verschaff mir Recht gegen meinen Feind! [4]Lange wollte er nichts davon wissen. Dann aber sagte er sich: Ich fürchte zwar Gott nicht und nehme auch auf keinen Menschen Rücksicht; [5]trotzdem will ich dieser Witwe zu ihrem Recht verhelfen, denn sie lässt mich nicht in Ruhe. Sonst kommt sie am Ende noch und schlägt mich ins Gesicht. [6]Und der Herr fügte hinzu: Bedenkt, was der ungerechte Richter sagt. [7]Sollte Gott seinen Auserwählten, die Tag und Nacht zu ihm schreien, nicht zu ihrem Recht verhelfen, sondern zögern? [8]Ich sage euch: Er wird ihnen unverzüglich ihr Recht verschaffen. Wird jedoch der Menschensohn, wenn er kommt, auf der Erde (noch) Glauben vorfinden?

Das Beispiel vom Pharisäer und vom Zöllner 18,9-14
[9]Einigen, die von ihrer eigenen Gerechtigkeit überzeugt waren und die anderen verachteten, erzählte Jesus dieses
Beispiel: [10]Zwei Männer gingen zum Tempel hinauf, um zu beten; der eine war ein Pharisäer, der andere ein Zöll-
ner. [11]Der Pharisäer stellte sich hin und sprach leise dieses Gebet: Gott, ich danke dir, dass ich nicht wie die anderen Menschen bin, die Räuber, Betrüger, Ehebrecher oder auch
wie dieser Zöllner dort. [12]Ich faste zweimal in der Woche und gebe dem Tempel den zehnten Teil meines ganzen Ein-
kommens. [13]Der Zöllner aber blieb ganz hinten stehen und wagte nicht einmal, seine Augen zum Himmel zu erheben, sondern schlug sich an die Brust und betete: Gott, sei mir
Sünder gnädig! [14]Ich sage euch: Dieser kehrte als Gerechter nach Hause zurück, der andere nicht. Denn wer sich selbst erhöht, wird erniedrigt, wer sich aber selbst erniedrigt, wird erhöht werden.

Gott ist mit denen, die keine Chancen haben.

Die Segnung der Kinder 18,15-17
[15]Man brachte auch kleine Kinder zu ihm, damit er ihnen die Hände auflegte. Als die Jünger das sahen, wiesen sie die
Leute schroff ab. [16]Jesus aber rief die Kinder zu sich und sag-
te: Lasst die Kinder zu mir kommen; hindert sie nicht daran! Denn Menschen wie ihnen gehört das Reich Gottes. [17]Amen,
das sage ich euch: Wer das Reich Gottes nicht so annimmt wie ein Kind, der wird nicht hineinkommen.

Von Reichtum und Nachfolge 18,18-30
[18]Einer von den führenden Männern fragte ihn: Guter Meister, was muss ich tun, um das ewige Leben zu gewinnen?
[19]Jesus antwortete: Warum nennst du mich gut? Niemand
ist gut außer Gott, dem Einen. [20]Du kennst doch die Gebo-
te: Du sollst nicht die Ehe brechen, du sollst nicht töten, du sollst nicht stehlen, du sollst nicht falsch aussagen; ehre

Auch ein Reicher kann zu Gott gelangen! Aber es ist schwieriger für ihn.

deinen Vater und deine Mutter! [21]Er erwiderte: Alle diese Gebote habe ich von Jugend an befolgt. [22]Als Jesus das hörte, sagte er: Eines fehlt dir noch: Verkauf alles, was du hast, verteil das Geld an die Armen und du wirst einen bleibenden Schatz im Himmel haben; dann komm und folge mir nach! [23]Der Mann aber wurde sehr traurig, als er das hörte; denn er war überaus reich. [24]Jesus sah ihn an und sagte: Wie schwer ist es für Menschen, die viel besitzen, in das Reich Gottes zu kommen! [25]Denn eher geht ein Kamel durch ein Nadelöhr, als dass ein Reicher in das Reich Gottes gelangt. [26]Die Leute, die das hörten, fragten: Wer kann dann noch gerettet werden? [27]Er erwiderte: Was für Menschen unmöglich ist, ist für Gott möglich.

[28]Da sagte Petrus: Du weißt, wir haben unser Eigentum verlassen und sind dir nachgefolgt. [29]Jesus antwortete ihnen: Amen, ich sage euch: Jeder, der um des Reiches Gottes willen Haus oder Frau, Brüder, Eltern oder Kinder verlassen hat, [30]wird dafür schon in dieser Zeit das Vielfache erhalten und in der kommenden Welt das ewige Leben.

Die dritte Ankündigung von Leiden und Auferstehung 18,31-34

[31]Jesus versammelte die Zwölf um sich und sagte zu ihnen: Wir gehen jetzt nach Jerusalem hinauf; dort wird sich alles erfüllen, was bei den Propheten über den Menschensohn steht: [32]Er wird den Heiden ausgeliefert, wird verspottet, misshandelt und angespuckt werden, [33]und man wird ihn geißeln und töten. Aber am dritten Tag wird er auferstehen. [34]Doch die Zwölf verstanden das alles nicht; der Sinn der Worte war ihnen verschlossen und sie begriffen nicht, was er sagte.

Die Heilung eines Blinden bei Jericho 18,35-43

[35]Als Jesus in die Nähe von Jericho kam, saß ein Blinder an der Straße und bettelte. [36]Er hörte, dass viele Menschen vorbeigingen, und fragte: Was hat das zu bedeuten? [37]Man sagte ihm: Jesus von Nazaret geht vorüber. [38]Da rief er: Jesus, Sohn Davids, hab Erbarmen mit mir! [39]Die Leute, die vorausgingen, wurden ärgerlich und befahlen ihm zu

schweigen. Er aber schrie noch viel lauter: Sohn Davids, hab
Erbarmen mit mir! 40Jesus blieb stehen und ließ ihn zu sich
herführen. Als der Mann vor ihm stand, fragte ihn Jesus:
41Was soll ich dir tun? Er antwortete: Herr, ich möchte wie-
der sehen können. 42Da sagte Jesus zu ihm: Du sollst wieder
sehen. Dein Glaube hat dir geholfen. 43Im gleichen Augen-
blick konnte er wieder sehen. Da pries er Gott und folgte
Jesus. Und alle Leute, die das gesehen hatten, lobten Gott.

Jesus im Haus des Zöllners Zachäus 19,1-10

19 Dann kam er nach Jericho und ging durch die
Stadt. 2Dort wohnte ein Mann namens Zachäus; er
war der oberste Zollpächter und war sehr reich. 3Er wollte
gern sehen, wer dieser Jesus sei, doch die Menschenmenge
versperrte ihm die Sicht; denn er war klein. 4Darum lief er
voraus und stieg auf einen Maulbeerfeigenbaum, um Jesus
zu sehen, der dort vorbeikommen musste. 5Als Jesus an die
Stelle kam, schaute er hinauf und sagte zu ihm: Zachäus,
komm schnell herunter! Denn ich muss heute in deinem
Haus zu Gast sein. 6Da stieg er schnell herunter und nahm
Jesus freudig bei sich auf. 7Als die Leute das sahen, empör-
ten sie sich und sagten: Er ist bei einem Sünder eingekehrt.
8Zachäus aber wandte sich an den Herrn und sagte: Herr,
die Hälfte meines Vermögens will ich den Armen geben,
und wenn ich von jemand zu viel gefordert habe, gebe ich
ihm das Vierfache zurück. 9Da sagte Jesus zu ihm: Heute ist
diesem Haus das Heil geschenkt worden, weil auch dieser
Mann ein Sohn Abrahams ist. 10Denn der Menschensohn ist
gekommen, um zu suchen und zu retten, was verloren ist.

*Zachäus treibt es
hoch auf den Baum.
Doch Jesus sieht
dessen Sehnsucht.
So ist es auch bei uns!*

Das Gleichnis vom anvertrauten Geld 19,11-27

11Weil Jesus schon nahe bei Jerusalem war, meinten die
Menschen, die von all dem hörten, das Reich Gottes wer-
de sofort erscheinen. Daher erzählte er ihnen ein weiteres
Gleichnis. 12Er sagte: Ein Mann von vornehmer Herkunft
wollte in ein fernes Land reisen, um die Königswürde zu er-
langen und dann zurückzukehren. 13Er rief zehn seiner Die-

ner zu sich, verteilte unter sie Geld im Wert von zehn Minen
und sagte: Macht Geschäfte damit, bis ich wiederkomme.
14Da ihn aber die Einwohner seines Landes hassten, schick-
ten sie eine Gesandtschaft hinter ihm her und ließen sagen:
Wir wollen nicht, dass dieser Mann unser König wird. 15Den-
noch wurde er als König eingesetzt. Nach seiner Rückkehr
ließ er die Diener, denen er das Geld gegeben hatte, zu sich
rufen. Er wollte sehen, welchen Gewinn jeder bei seinen
Geschäften erzielt hatte. 16Der erste kam und sagte: Herr,
ich habe mit deiner Mine zehn Minen erwirtschaftet. 17Da
sagte der König zu ihm: Sehr gut, du bist ein tüchtiger Die-
ner. Weil du im Kleinsten zuverlässig warst, sollst du Herr
über zehn Städte werden. 18Der zweite kam und sagte: Herr,
ich habe mit deiner Mine fünf Minen erwirtschaftet. 19Zu
ihm sagte der König: Du sollst über fünf Städte herrschen.
20Nun kam ein anderer und sagte: Herr, hier hast du dein
Geld zurück. Ich habe es in ein Tuch eingebunden und auf-
bewahrt; 21denn ich hatte Angst vor dir, weil du ein strenger
Mann bist: Du hebst ab, was du nicht eingezahlt hast, und
erntest, was du nicht gesät hast. 22Der König antwortete:
Aufgrund deiner eigenen Worte spreche ich dir das Urteil.
Du bist ein schlechter Diener. Du hast gewusst, dass ich ein
strenger Mann bin? Dass ich abhebe, was ich nicht einge-
zahlt habe, und ernte, was ich nicht gesät habe? 23Warum
hast du dann mein Geld nicht auf die Bank gebracht? Dann
hätte ich es bei der Rückkehr mit Zinsen abheben können.
24Und zu den anderen, die dabeistanden, sagte er: Nehmt
ihm das Geld weg, und gebt es dem, der die zehn Minen
hat. 25Sie sagten zu ihm: Herr, er hat doch schon zehn. 26(Da
erwiderte er:) Ich sage euch: Wer hat, dem wird gegeben
werden; wer aber nicht hat, dem wird auch noch wegge-
nommen, was er hat. 27Doch meine Feinde, die nicht woll-
ten, dass ich ihr König werde bringt sie her und macht sie
vor meinen Augen nieder!

Kein blinder Gehorsam! Es gibt kein Leben ohne Vertrauen und Liebe.

Die letzten Tage in Jerusalem:
19,28 - 21,38

Die Auseinandersetzung mit den Gegnern in Jerusalem
19,28 - 21,4

Der Einzug in Jerusalem 19,28-40

28Nach dieser Rede zog Jesus weiter und ging nach Jerusa-
lem hinauf. 29Als er in die Nähe von Betfage und Betanien
kam, an den Berg, der Ölberg heißt, schickte er zwei seiner
Jünger voraus 30und sagte: Geht in das Dorf, das vor uns
liegt. Wenn ihr hineinkommt, werdet ihr dort einen jungen
Esel angebunden finden, auf dem noch nie ein Mensch ge-
sessen hat. Bindet ihn los und bringt ihn her! 31Und wenn
euch jemand fragt: Warum bindet ihr ihn los?, dann ant-
wortet: Der Herr braucht ihn. 32Die beiden machten sich
auf den Weg und fanden alles so, wie er es ihnen gesagt
hatte. 33Als sie den jungen Esel losbanden, sagten die Leu-
te, denen er gehörte: Warum bindet ihr den Esel los? 34Sie
antworteten: Der Herr braucht ihn. 35Dann führten sie ihn
zu Jesus, legten ihre Kleider auf das Tier und halfen Jesus
hinauf. 36Während er dahinritt, breiteten die Jünger ihre
Kleider auf der Straße aus. 37Als er an die Stelle kam, wo der
Weg vom Ölberg hinabführt, begannen alle Jünger freudig
und mit lauter Stimme Gott zu loben wegen all der Wun-
dertaten, die sie erlebt hatten. 38Sie riefen: Gesegnet sei der
König, der kommt im Namen des Herrn. Im Himmel Friede
und Herrlichkeit in der Höhe!
39Da riefen ihm einige Pharisäer aus der Menge zu: Meister,
bring deine Jünger zum Schweigen! 40Er erwiderte: Ich sage
euch: Wenn sie schweigen, werden die Steine schreien.

Die Ankündigung der Zerstörung Jerusalems 19,41-44

41Als er näher kam und die Stadt sah, weinte er über sie
42und sagte: Wenn doch auch du an diesem Tag erkannt
hättest, was dir Frieden bringt. Jetzt aber bleibt es vor dei-
nen Augen verborgen. 43Es wird eine Zeit für dich kommen,
in der deine Feinde rings um dich einen Wall aufwerfen,
dich einschließen und von allen Seiten bedrängen. 44Sie

werden dich und deine Kinder zerschmettern und keinen Stein auf dem andern lassen; denn du hast die Zeit der Gnade nicht erkannt.

Die Tempelreinigung 19,45-48

45Dann ging er in den Tempel und begann, die Händler hin-
auszutreiben. 46Er sagte zu ihnen: In der Schrift steht: Mein
Haus soll ein Haus des Gebetes sein. Ihr aber habt daraus
eine Räuberhöhle gemacht.

Wer beten will, braucht Stille.

47Er lehrte täglich im Tempel. Die Hohenpriester, die Schrift-
gelehrten und die übrigen Führer des Volkes aber suchten
ihn umzubringen. 48Sie wussten jedoch nicht, wie sie es ma-
chen sollten, denn das ganze Volk hing an ihm und hörte
ihn gern.

Die Frage nach der Vollmacht Jesu 20,1-8

20 Als er eines Tages im Tempel das Volk lehrte und das
Evangelium verkündete, kamen die Hohenpriester
und die Schriftgelehrten mit den Ältesten hinzu 2und frag-
ten ihn: Sag uns: Mit welchem Recht tust du das alles? Wer
hat dir dazu die Vollmacht gegeben? 3Er antwortete ihnen:
Auch ich will euch eine Frage stellen. Sagt mir: 4Stammte die
Taufe des Johannes vom Himmel oder von den Menschen?
5Da überlegten sie und sagten zueinander: Wenn wir ant-
worten: Vom Himmel!, so wird er sagen: Warum habt ihr
ihm dann nicht geglaubt? 6Wenn wir aber antworten: Von
den Menschen!, dann wird das ganze Volk uns steinigen;
denn sie sind überzeugt, dass Johannes ein Prophet gewe-
sen ist. 7Darum antworteten sie: Wir wissen nicht, woher.
8Jesus erwiderte: Dann sage auch ich euch nicht, mit wel-
chem Recht ich das alles tue.

Das Gleichnis von den bösen Winzern 20,9-19
9Er erzählte dem Volk dieses Gleichnis: Ein Mann legte ei-
nen Weinberg an, verpachtete ihn an Winzer und reiste für
längere Zeit in ein anderes Land. 10Als nun die Zeit dafür
gekommen war, schickte er einen Knecht zu den Winzern,
damit sie ihm seinen Anteil am Ertrag des Weinbergs ab-
lieferten. Die Winzer aber prügelten ihn und jagten ihn
mit leeren Händen fort. 11Darauf schickte er einen ande-
ren Knecht; auch ihn prügelten und beschimpften sie und
jagten ihn mit leeren Händen fort. 12Er schickte noch ei-
nen dritten Knecht; aber auch ihn schlugen sie blutig und
warfen ihn hinaus. 13Da sagte der Besitzer des Weinbergs:
Was soll ich tun? Ich will meinen geliebten Sohn zu ihnen
schicken. Vielleicht werden sie vor ihm Achtung haben.
14Als die Winzer den Sohn sahen, überlegten sie und sagten
zueinander: Das ist der Erbe; wir wollen ihn töten, damit
das Erbgut uns gehört. 15Und sie warfen ihn aus dem Wein-
berg hinaus und brachten ihn um. Was wird nun der Besit-
zer des Weinbergs mit ihnen tun? 16Er wird kommen und
diese Winzer töten und den Weinberg anderen geben. Als
sie das hörten, sagten sie: Das darf nicht geschehen! 17Da
sah Jesus sie an und sagte: Was bedeutet das Schriftwort:
Der Stein, den die Bauleute verworfen haben, /
er ist zum Eckstein geworden?
18Jeder, der auf diesen Stein fällt, wird zerschellen; auf wen
der Stein aber fällt, den wird er zermalmen.
19Die Schriftgelehrten und die Hohenpriester hätten ihn
gern noch in derselben Stunde festgenommen; aber sie
fürchteten das Volk. Denn sie hatten gemerkt, dass er sie
mit diesem Gleichnis meinte.

Die Frage nach der kaiserlichen Steuer 20,20-26
20Daher lauerten sie ihm auf und schickten Spitzel, die sich
fromm stellen und ihn bei einer (unüberlegten) Antwort er-
tappen sollten. Denn sie wollten ihn der Gerichtsbarkeit des
Statthalters übergeben. 21Die Spitzel fragten ihn: Meister,
wir wissen, dass du aufrichtig redest und lehrst und nicht
auf die Person siehst, sondern wirklich den Weg Gottes
lehrst. 22Ist es uns erlaubt, dem Kaiser Steuer zu zahlen, oder

nicht? [23]Er aber durchschaute ihre Hinterlist und sagte zu ihnen: [24]Zeigt mir einen Denar! Wessen Bild und Aufschrift sind darauf? Sie antworteten: Die des Kaisers. [25]Da sagte er zu ihnen: Dann gebt dem Kaiser, was dem Kaiser gehört, und Gott, was Gott gehört! [26]So gelang es ihnen nicht, ihn öffentlich bei einem (unüberlegten) Wort zu ertappen. Sie waren von seiner Antwort sehr überrascht und schwiegen.

Die Frage nach der Auferstehung der Toten 20,27-40

[27]Von den Sadduzäern, die die Auferstehung leugnen, kamen einige zu Jesus und fragten ihn: [28]Meister, Mose hat uns vorgeschrieben: Wenn ein Mann, der einen Bruder hat, stirbt und eine Frau hinterlässt, ohne Kinder zu haben, dann soll sein Bruder die Frau heiraten und seinem Bruder Nachkommen verschaffen. [29]Nun lebten einmal sieben Brüder. Der erste nahm sich eine Frau, starb aber kinderlos. [30]Da nahm sie der zweite, [31]danach der dritte und ebenso die anderen bis zum siebten; sie alle hinterließen keine Kinder, als sie starben. [32]Schließlich starb auch die Frau. [33]Wessen Frau wird sie nun bei der Auferstehung sein? Alle sieben haben sie doch zur Frau gehabt. [34]Da sagte Jesus zu ihnen: Nur in dieser Welt heiraten die Menschen. [35]Die aber, die Gott für würdig hält, an jener Welt und an der Auferstehung von den Toten teilzuhaben, werden dann nicht mehr heiraten. [36]Sie können auch nicht mehr sterben, weil sie den Engeln gleich und durch die Auferstehung zu Söhnen Gottes geworden sind. [37]Dass aber die Toten auferstehen, hat schon Mose in der Geschichte vom Dornbusch angedeutet, in der er den Herrn den Gott Abrahams, den Gott Isaaks und den Gott Jakobs nennt. [38]Er ist doch kein Gott von Toten, sondern von Lebenden; denn für ihn sind alle lebendig. [39]Da sagten einige Schriftgelehrte: Meister, du hast gut geantwortet. [40]Und man wagte nicht mehr, ihn etwas zu fragen.

ER ist kein Gott der Toten, sondern der Lebenden.

Die Frage nach dem Messias 20,41-44

[41]Da fragte er sie: Wie kann man behaupten, der Messias sei der Sohn Davids? [42]Denn David selbst sagt im Buch der Psalmen: Der Herr sprach zu meinem Herrn: Setze dich mir zur Rechten, [43]und ich lege dir deine Feinde als Schemel unter

die Füße. [44]David nennt ihn also «Herr». Wie kann er dann Davids Sohn sein?

Worte gegen die Schriftgelehrten 20,45-47
[45]Jesus sagte vor dem ganzen Volk zu seinen Jüngern:
[46]Hütet euch vor den Schriftgelehrten! Sie gehen gern in langen Gewändern umher, lieben es, wenn man sie auf den Straßen und Plätzen grüßt, und wollen in der Synagoge die vordersten Sitze und bei jedem Festmahl die Ehrenplätze
haben. [47]Sie bringen die Witwen um ihre Häuser und verrichten in ihrer Scheinheiligkeit lange Gebete. Aber um so härter wird das Urteil sein, das sie erwartet.

Das Opfer der Witwe 21,1-4
21 Er blickte auf und sah, wie die Reichen ihre Gaben
in den Opferkasten legten. [2]Dabei sah er auch eine
arme Witwe, die zwei kleine Münzen hineinwarf. [3]Da sagte
er: Wahrhaftig, ich sage euch: Diese arme Witwe hat mehr
hineingeworfen als alle anderen. [4]Denn sie alle haben nur
etwas von ihrem Überfluss geopfert; diese Frau aber, die kaum das Nötigste zum Leben hat, sie hat ihren ganzen Lebensunterhalt hergegeben.

Bei Jesus gelten andere Maßstäbe: das Unscheinbare, Ehrliche wird bedeutend.

Die Rede über die Endzeit 21,5-36

Die Ankündigung der Zerstörung des Tempels 21,5-6
[5]Als einige darüber sprachen, dass der Tempel mit schönen Steinen und Weihegeschenken geschmückt sei, sagte Jesus:
[6]Es wird eine Zeit kommen, da wird von allem, was ihr hier seht, kein Stein auf dem andern bleiben; alles wird niedergerissen werden.

Vom Anfang der Not 21,7-19
[7]Sie fragten ihn: Meister, wann wird das geschehen und an
welchem Zeichen wird man erkennen, dass es beginnt? [8]Er
antwortete: Gebt Acht, dass man euch nicht irreführt! Denn viele werden unter meinem Namen auftreten und sagen: Ich bin es!, und: Die Zeit ist da. – Lauft ihnen nicht nach!

Setzt sich das Gute erst nach heftigen Kämpfen durch?

9Und wenn ihr von Kriegen und Unruhen hört, lasst euch dadurch nicht erschrecken! Denn das muss als erstes geschehen; aber das Ende kommt noch nicht sofort. 10Dann sagte er zu ihnen: Ein Volk wird sich gegen das andere erheben und ein Reich gegen das andere. 11Es wird gewaltige Erdbeben und an vielen Orten Seuchen und Hungersnöte geben; schreckliche Dinge werden geschehen und am Himmel wird man gewaltige Zeichen sehen. 12Aber bevor das alles geschieht, wird man euch festnehmen und euch verfolgen. Man wird euch um meines Namens willen den Gerichten der Synagogen übergeben, ins Gefängnis werfen und vor Könige und Statthalter bringen. 13Dann werdet ihr Zeugnis ablegen können. 14Nehmt euch fest vor, nicht im voraus für eure Verteidigung zu sorgen; 15denn ich werde euch die Worte und die Weisheit eingeben, sodass alle eure Gegner nicht dagegen ankommen und nichts dagegen sagen können. 16Sogar eure Eltern und Geschwister, eure Verwandten und Freunde werden euch ausliefern und manche von euch wird man töten. 17Und ihr werdet um meines Namens willen von allen gehasst werden. 18Und doch wird euch kein Haar gekrümmt werden. 19Wenn ihr standhaft bleibt, werdet ihr das Leben gewinnen.

Vom Gericht über Jerusalem 21,20-24

20Wenn ihr aber seht, dass Jerusalem von einem Heer eingeschlossen wird, dann könnt ihr daran erkennen, dass die Stadt bald verwüstet wird. 21Dann sollen die Bewohner von Judäa in die Berge fliehen; wer in der Stadt ist, soll sie verlassen, und wer auf dem Land ist, soll nicht in die Stadt gehen. 22Denn das sind die Tage der Vergeltung, an denen alles in Erfüllung gehen soll, was in der Schrift steht. 23Wehe den Frauen, die in jenen Tagen schwanger sind oder ein Kind stillen. Denn eine große Not wird über das Land hereinbrechen: Der Zorn (Gottes) wird über dieses Volk kommen. 24Mit scharfem Schwert wird man sie erschlagen, als Gefangene wird man sie in alle Länder verschleppen und Jerusalem wird von den Heiden zertreten werden, bis die Zeiten der Heiden sich erfüllen.

Vom Kommen des Menschensohnes 21,25-28
[25]Es werden Zeichen sichtbar werden an Sonne, Mond und
Sternen, und auf der Erde werden die Völker bestürzt und
ratlos sein über das Toben und Donnern des Meeres. [26]Die
Menschen werden vor Angst vergehen in der Erwartung
der Dinge, die über die Erde kommen; denn die Kräfte des
Himmels werden erschüttert werden. [27]Dann wird man den
Menschensohn mit großer Macht und Herrlichkeit auf einer
Wolke kommen sehen. [28]Wenn (all) das beginnt, dann rich-
tet euch auf, und erhebt eure Häupter; denn eure Erlösung
ist nahe.

Mahnungen im Hinblick auf das Ende 21,29-36
[29]Und er gebrauchte einen Vergleich und sagte: Seht euch
den Feigenbaum und die anderen Bäume an: [30]Sobald ihr
merkt, dass sie Blätter treiben, wisst ihr, dass der Sommer
nahe ist. [31]Genauso sollt ihr erkennen, wenn ihr (all) das ge-
schehen seht, dass das Reich Gottes nahe ist. [32]Amen, ich
sage euch: Diese Generation wird nicht vergehen, bis alles
eintrifft. [33]Himmel und Erde werden vergehen, aber meine
Worte werden nicht vergehen.
[34]Nehmt euch in Acht, dass Rausch und Trunkenheit und die
Sorgen des Alltags euch nicht verwirren und dass jener Tag
euch nicht plötzlich überrascht, [35](so) wie (man in) eine Falle
(gerät); denn er wird über alle Bewohner der ganzen Erde
hereinbrechen. [36]Wacht und betet allezeit, damit ihr allem,
was geschehen wird, entrinnen und vor den Menschensohn
hintreten könnt.

Ermutigung,
sich nicht vom Weg
Jesu abbringen zu lassen.

Die Lehrtätigkeit Jesu im Tempel 21,37-38
[37]Tagsüber lehrte Jesus im Tempel; abends aber ging er zum
Ölberg hinaus und verbrachte dort die Nacht. [38]Schon früh
am Morgen kam das ganze Volk zu ihm in den Tempel, um
ihn zu hören.

Das Leiden und die Auferstehung Jesu 22,1 - 24,53

Der Beschluss des Hohen Rates 22,1-2

22 Das Fest der Ungesäuerten Brote, das Pascha ge-
nannt wird, war nahe. [2]Und die Hohenpriester und
die Schriftgelehrten suchten nach einer Möglichkeit, Jesus
(unauffällig) zu beseitigen; denn sie fürchteten sich vor
dem Volk.

Der Verrat durch Judas 22,3-6

[3]Der Satan aber ergriff Besitz von Judas, genannt Iskariot,
der zu den Zwölf gehörte. [4]Judas ging zu den Hohenpries-
tern und den Hauptleuten und beriet mit ihnen, wie er Je-
sus an sie ausliefern könnte. [5]Da freuten sie sich und kamen
mit ihm überein, ihm Geld dafür zu geben. [6]Er sagte zu und
suchte von da an nach einer Gelegenheit, ihn an sie auszu-
liefern, ohne dass das Volk es merkte.

Die Vorbereitung des Paschamahls 22,7-13

[7]Dann kam der Tag der Ungesäuerten Brote, an dem das Pa-
schalamm geschlachtet werden musste. [8]Jesus schickte Pe-
trus und Johannes in die Stadt und sagte: Geht und bereitet
das Paschamahl für uns vor, damit wir es gemeinsam essen
können. [9]Sie fragten ihn: Wo sollen wir es vorbereiten? [10]Er
antwortete ihnen: Wenn ihr in die Stadt kommt, wird euch
ein Mann begegnen, der einen Wasserkrug trägt. Folgt ihm
in das Haus, in das er hineingeht, [11]und sagt zu dem Herrn
des Hauses: Der Meister lässt dich fragen: Wo ist der Raum,
in dem ich mit meinen Jüngern das Paschalamm essen
kann? [12]Und der Hausherr wird euch einen großen Raum im
Obergeschoss zeigen, der mit Polstern ausgestattet ist. Dort
bereitet alles vor! [13]Sie gingen und fanden alles so, wie er
es ihnen gesagt hatte, und bereiteten das Paschamahl vor.

Das Mahl 14-23

[14]Als die Stunde gekommen war, begab er sich mit den
Aposteln zu Tisch. [15]Und er sagte zu ihnen: Ich habe mich
sehr danach gesehnt, vor meinem Leiden dieses Paschamahl
mit euch zu essen. [16]Denn ich sage euch: Ich werde es nicht

mehr essen, bis das Mahl seine Erfüllung findet im Reich Gottes. [17]Und er nahm den Kelch, sprach das Dankgebet und sagte: Nehmt den Wein und verteilt ihn untereinander! [18]Denn ich sage euch: Von nun an werde ich nicht mehr von der Frucht des Weinstocks trinken, bis das Reich Gottes kommt. [19]Und er nahm Brot, sprach das Dankgebet, brach das Brot und reichte es ihnen mit den Worten: Das ist mein Leib, der für euch hingegeben wird. Tut dies zu meinem Gedächtnis! [20]Ebenso nahm er nach dem Mahl den Kelch und sagte: Dieser Kelch ist der Neue Bund in meinem Blut, das für euch vergossen wird. [21]Doch seht, der Mann, der mich verrät und ausliefert, sitzt mit mir am Tisch. [22]Der Menschensohn muss zwar den Weg gehen, der ihm bestimmt ist. Aber weh dem Menschen, durch den er verraten wird. [23]Da fragte einer den andern, wer von ihnen das wohl sei, der so etwas tun werde.

Vom Herrschen und vom Dienen 22,24-30

[24]Es entstand unter ihnen ein Streit darüber, wer von ihnen wohl der Größte sei. [25]Da sagte Jesus: Die Könige herrschen über ihre Völker und die Mächtigen lassen sich Wohltäter nennen. [26]Bei euch aber soll es nicht so sein, sondern der Größte unter euch soll werden wie der Kleinste und der Führende soll werden wie der Dienende. [27]Welcher von beiden ist größer: wer bei Tisch sitzt oder wer bedient? Natürlich der, der bei Tisch sitzt. Ich aber bin unter euch wie der, der bedient.

Jesus kehrt die Machtverhältnisse um.

[28]In allen meinen Prüfungen habt ihr bei mir ausgeharrt. [29]Darum vermache ich euch das Reich, wie es mein Vater mir vermacht hat: [30]Ihr sollt in meinem Reich mit mir an meinem Tisch essen und trinken, und ihr sollt auf Thronen sitzen und die zwölf Stämme Israels richten.

Die Ankündigung der Verleugnung und der Umkehr des Petrus 22,31-34

[31]Simon, Simon, der Satan hat verlangt, dass er euch wie Weizen sieben darf. [32]Ich aber habe für dich gebetet, dass dein Glaube nicht erlischt. Und wenn du dich wieder bekehrt hast, dann stärke deine Brüder. [33]Darauf sagte Petrus zu ihm: Herr,

ich bin bereit, mit dir sogar ins Gefängnis und in den Tod zu
gehen. [34]Jesus erwiderte: Ich sage dir, Petrus, ehe heute der
Hahn kräht, wirst du dreimal leugnen, mich zu kennen.

Die Stunde der Entscheidung 22,35-38

[35]Dann sagte Jesus zu ihnen: Als ich euch ohne Geldbeutel
aussandte, ohne Vorratstasche und ohne Schuhe, habt ihr
da etwa Not gelitten? Sie antworteten: Nein. [36]Da sagte er:
Jetzt aber soll der, der einen Geldbeutel hat, ihn mitneh-
men und ebenso die Tasche. Wer aber kein Geld hat, soll sei-
nen Mantel verkaufen und sich dafür ein Schwert kaufen.
[37]Ich sage euch: An mir muss sich das Schriftwort erfüllen: Er
wurde zu den Verbrechern gerechnet. Denn alles, was über
mich gesagt ist, geht in Erfüllung. [38]Da sagten sie: Herr, hier
sind zwei Schwerter. Er erwiderte: Genug davon!

Das Gebet am Ölberg 22,39-46

[39]Dann verließ Jesus die Stadt und ging, wie er es gewohnt
war, zum Ölberg; seine Jünger folgten ihm. [40]Als er dort
war, sagte er zu ihnen: Betet darum, dass ihr nicht in Ver-
suchung geratet! [41]Dann entfernte er sich von ihnen unge-
fähr einen Steinwurf weit, kniete nieder und betete: [42]Va-
ter, wenn du willst, nimm diesen Kelch von mir! Aber nicht
mein, sondern dein Wille soll geschehen. [43]Da erschien ihm
ein Engel vom Himmel und gab ihm (neue) Kraft. [44]Und er
betete in seiner Angst noch inständiger und sein Schweiß
war wie Blut, das auf die Erde tropfte. [45]Nach dem Gebet
stand er auf, ging zu den Jüngern zurück und fand sie schla-
fend; denn sie waren vor Kummer erschöpft. [46]Da sagte er
zu ihnen: Wie könnt ihr schlafen? Steht auf und betet, da-
mit ihr nicht in Versuchung geratet.

Verzweiflung, Zweifel und Angst gehören zum Glauben.

Die Gefangennahme 22,47-53

[47]Während er noch redete, kam eine Schar Männer; Judas,
einer der Zwölf, ging ihnen voran. Er näherte sich Jesus, um
ihn zu küssen. [48]Jesus aber sagte zu ihm: Judas, mit einem
Kuss verrätst du den Menschensohn? [49]Als seine Begleiter
merkten, was (ihm) drohte, fragten sie: Herr, sollen wir mit
dem Schwert dreinschlagen? [50]Und einer von ihnen schlug

Jesus flieht nicht, er geht seinen Weg konsequent weiter.

auf den Diener des Hohenpriesters ein und hieb ihm das rechte Ohr ab. [51]Jesus aber sagte: Hört auf damit! Und er berührte das Ohr und heilte den Mann. [52]Zu den Hohenpriestern aber, den Hauptleuten der Tempelwache und den Ältesten, die vor ihm standen, sagte Jesus: Wie gegen einen Räuber seid ihr mit Schwertern und Knüppeln ausgezogen. [53]Tag für Tag war ich bei euch im Tempel und ihr habt nicht gewagt, gegen mich vorzugehen. Aber das ist eure Stunde, jetzt hat die Finsternis die Macht.

Die Verleugnung durch Petrus 22,54-62

[54]Darauf nahmen sie ihn fest, führten ihn ab und brachten ihn in das Haus des Hohenpriesters. Petrus folgte von weitem. [55]Mitten im Hof hatte man ein Feuer angezündet und Petrus setzte sich zu den Leuten, die dort beieinandersaßen. [56]Eine Magd sah ihn am Feuer sitzen, schaute ihn genau an und sagte: Der war auch mit ihm zusammen. [57]Petrus aber leugnete es und sagte: Frau, ich kenne ihn nicht. [58]Kurz danach sah ihn ein anderer und bemerkte: Du gehörst auch zu ihnen. Petrus aber sagte: Nein, Mensch, ich nicht! [59]Etwa eine Stunde später behauptete wieder einer: Wahrhaftig, der war auch mit ihm zusammen; er ist doch auch ein Galiläer. [60]Petrus aber erwiderte: Mensch, ich weiß nicht, wovon du sprichst. Im gleichen Augenblick, noch während er redete, krähte ein Hahn. [61]Da wandte sich der Herr um und blickte Petrus an. Und Petrus erinnerte sich an das, was der Herr zu ihm gesagt hatte: Ehe heute der Hahn kräht, wirst du mich dreimal verleugnen. [62]Und er ging hinaus und weinte bitterlich.

Menschlich: Schwächen sind Teil des Lebens.

Die Verspottung durch die Wächter 22,63-65

[63]Die Wächter trieben ihren Spott mit Jesus. Sie schlugen ihn, [64]verhüllten ihm das Gesicht und fragten ihn: Du bist doch ein Prophet! Sag uns: Wer hat dich geschlagen? [65]Und noch mit vielen anderen Lästerungen verhöhnten sie ihn.

Das Verhör vor dem Hohen Rat 22,66-71

[66]Als es Tag wurde, versammelten sich die Ältesten des Volkes, die Hohenpriester und die Schriftgelehrten, also der Hohe Rat, und sie ließen Jesus vorführen. [67]Sie sagten zu ihm: Wenn du der Messias bist, dann sag es uns! Er antwortete ihnen: Auch wenn ich es euch sage – ihr glaubt mir ja doch nicht; [68]und wenn ich euch etwas frage, antwortet ihr nicht. [69]Von nun an wird der Menschensohn zur Rechten des allmächtigen Gottes sitzen. [70]Da sagten alle: Du bist also der Sohn Gottes. Er antwortete ihnen: Ihr sagt es – ich bin es. [71]Da riefen sie: Was brauchen wir noch Zeugenaussagen? Wir haben es selbst aus seinem eigenen Mund gehört.

Die Auslieferung an Pilatus 23,1-5

23 Daraufhin erhob sich die ganze Versammlung und man führte Jesus zu Pilatus. [2]Dort brachten sie ihre Anklage gegen ihn vor; sie sagten: Wir haben festgestellt, dass dieser Mensch unser Volk verführt, es davon abhält, dem Kaiser Steuer zu zahlen, und behauptet, er sei der Messias und König. [3]Pilatus fragte ihn: Bist du der König der Juden? Er antwortete ihm: Du sagst es. [4]Da sagte Pilatus zu den Hohenpriestern und zum Volk: Ich finde nicht, dass dieser Mensch eines Verbrechens schuldig ist. [5]Sie aber blieben hartnäckig und sagten: Er wiegelt das Volk auf und verbreitet seine Lehre im ganzen jüdischen Land von Galiläa bis hierher.

Verhaftung, Folter, Gefängnis, Verurteilung, Tod – Gott lässt Jesus nicht allein.

Die Verspottung durch Herodes 23,6-12

[6]Als Pilatus das hörte, fragte er, ob der Mann ein Galiläer sei. [7]Und als er erfuhr, dass Jesus aus dem Gebiet des Herodes komme, ließ er ihn zu Herodes bringen, der in jenen Tagen ebenfalls in Jerusalem war. [8]Herodes freute sich sehr, als er Jesus sah; schon lange hatte er sich gewünscht, mit ihm zusammenzutreffen, denn er hatte von ihm gehört. Nun hoffte er, ein Wunder von ihm zu sehen. [9]Er stellte ihm viele Fragen, doch Jesus gab ihm keine Antwort. [10]Die Hohenpriester und die Schriftgelehrten, die dabeistanden,

erhoben schwere Beschuldigungen gegen ihn. 11Herodes
und seine Soldaten zeigten ihm offen ihre Verachtung. Er
trieb seinen Spott mit Jesus, ließ ihm ein Prunkgewand um-
hängen und schickte ihn so zu Pilatus zurück. 12An diesem
Tag wurden Herodes und Pilatus Freunde; vorher waren sie
Feinde gewesen.

Die Verhandlung vor Pilatus 23,13-25
13Pilatus rief die Hohenpriester und die anderen führenden
Männer und das Volk zusammen 14und sagte zu ihnen: Ihr
habt mir diesen Menschen hergebracht und behauptet, er
wiegle das Volk auf. Ich selbst habe ihn in eurer Gegenwart
verhört und habe keine der Anklagen, die ihr gegen diesen
Menschen vorgebracht habt, bestätigt gefunden, 15auch
Herodes nicht, denn er hat ihn zu uns zurückgeschickt. Ihr
seht also: Er hat nichts getan, worauf die Todesstrafe steht.
16Daher will ich ihn nur auspeitschen lassen und dann werde
ich ihn freilassen. 17[] 18Da schrien sie alle miteinander: Weg
mit ihm; lass den Barabbas frei! 19Dieser Mann war wegen
eines Aufruhrs in der Stadt und wegen Mordes ins Gefäng-
nis geworfen worden. 20Pilatus aber redete wieder auf sie
ein, denn er wollte Jesus freilassen. 21Doch sie schrien: Kreu-
zige ihn, kreuzige ihn! 22Zum dritten Mal sagte er zu ihnen:
Was für ein Verbrechen hat er denn begangen? Ich habe
nichts feststellen können, wofür er den Tod verdient. Da-
her will ich ihn auspeitschen lassen und dann werde ich ihn
freilassen. 23Sie aber schrien und forderten immer lauter, er
solle Jesus kreuzigen lassen, und mit ihrem Geschrei setzten
sie sich durch: 24Pilatus entschied, dass ihre Forderung erfüllt
werden solle. 25Er ließ den Mann frei, der wegen Aufruhr und
Mord im Gefängnis saß und den sie gefordert hatten. Jesus
aber lieferte er ihnen aus, wie sie es verlangten.

Die Kreuzigung 23,26-43
26Als sie Jesus hinausführten, ergriffen sie einen Mann aus
Zyrene namens Simon, der gerade vom Feld kam. Ihm lu-
den sie das Kreuz auf, damit er es hinter Jesus hertrage.
27Es folgte eine große Menschenmenge, darunter auch
Frauen, die um ihn klagten und weinten. 28Jesus wand-

te sich zu ihnen um und sagte: Ihr Frauen von Jerusalem, weint nicht über mich; weint über euch und eure Kinder! [29]Denn es kommen Tage, da wird man sagen: Wohl den Frauen, die unfruchtbar sind, die nicht geboren und nicht gestillt haben. [30]Dann wird man zu den Bergen sagen: Fallt auf uns!, und zu den Hügeln: Deckt uns zu! [31]Denn wenn das mit dem grünen Holz geschieht, was wird dann erst mit dem dürren werden?

[32]Zusammen mit Jesus wurden auch zwei Verbrecher zur Hinrichtung geführt.

[33]Sie kamen zur Schädelhöhe; dort kreuzigten sie ihn und die Verbrecher, den einen rechts von ihm, den andern links. [34]Jesus aber betete: Vater, vergib ihnen, denn sie wissen nicht, was sie tun. Dann warfen sie das Los und verteilten seine Kleider unter sich. [35]Die Leute standen dabei und schauten zu; auch die führenden Männer des Volkes verlachten ihn und sagten: Anderen hat er geholfen, nun soll er sich selbst helfen, wenn er der erwählte Messias Gottes ist. [36]Auch die Soldaten verspotteten ihn; sie traten vor ihn hin, reichten ihm Essig [37]und sagten: Wenn du der König der Juden bist, dann hilf dir selbst! [38]Über ihm war eine Tafel angebracht; auf ihr stand: Das ist der König der Juden. [39]Einer der Verbrecher, die neben ihm hingen, verhöhnte ihn: Bist du denn nicht der Messias? Dann hilf dir selbst und auch uns! [40]Der andere aber wies ihn zurecht und sagte: Nicht einmal du fürchtest Gott? Dich hat doch das gleiche Urteil getroffen. [41]Uns geschieht recht, wir erhalten den Lohn für unsere Taten; dieser aber hat nichts Unrechtes getan. [42]Dann sagte er: Jesus, denk an mich, wenn du in dein Reich kommst. [43]Jesus antwortete ihm: Amen, ich sage dir: Heute noch wirst du mit mir im Paradies sein.

Der Tod Jesu 23,44-49

[44]Es war etwa um die sechste Stunde, als eine Finsternis über das ganze Land hereinbrach. Sie dauerte bis zur neunten Stunde. [45]Die Sonne verdunkelte sich. Der Vorhang im Tempel riss mitten entzwei, [46]und Jesus rief laut: Vater, in deine Hände lege ich meinen Geist. Nach diesen Worten hauchte er den Geist aus.

47Als der Hauptmann sah, was geschehen war, pries er Gott
und sagte: Das war wirklich ein gerechter Mensch. 48Und
alle, die zu diesem Schauspiel herbeigeströmt waren und
sahen, was sich ereignet hatte, schlugen sich an die Brust
und gingen betroffen weg.
49Alle seine Bekannten aber standen in einiger Entfernung
(vom Kreuz), auch die Frauen, die ihm seit der Zeit in Galiläa
nachgefolgt waren und die alles mit ansahen.

Das Begräbnis Jesu 23,50-56
50/51Damals gehörte zu den Mitgliedern des Hohen Rates ein
Mann namens Josef, der aus der jüdischen Stadt Arimathäa
stammte. Er wartete auf das Reich Gottes und hatte dem,
was die anderen beschlossen und taten, nicht zugestimmt,
weil er gut und gerecht war. 52Er ging zu Pilatus und bat um
den Leichnam Jesu. 53Und er nahm ihn vom Kreuz, hüllte ihn
in ein Leinentuch und legte ihn in ein Felsengrab, in dem
noch niemand bestattet worden war. 54Das war am Rüst-
tag, kurz bevor der Sabbat anbrach. 55Die Frauen, die mit
Jesus aus Galiläa gekommen waren, gaben ihm das Geleit
und sahen zu, wie der Leichnam in das Grab gelegt wurde.
56Dann kehrten sie heim und bereiteten wohlriechende Öle
und Salben zu. Am Sabbat aber hielten sie die vom Gesetz
vorgeschriebene Ruhe ein.

Die Botschaft der Engel im leeren Grab 24,1-12

24 Am ersten Tag der Woche gingen die Frauen mit den
wohlriechenden Salben, die sie zubereitet hatten, in
aller Frühe zum Grab. [2]Da sahen sie, dass der Stein vom Grab
weggewälzt war; [3]sie gingen hinein, aber den Leichnam Jesu,
des Herrn, fanden sie nicht. [4]Während sie ratlos dastanden,
traten zwei Männer in leuchtenden Gewändern zu ihnen.
[5]Die Frauen erschraken und blickten zu Boden. Die Männer
aber sagten zu ihnen: Was sucht ihr den Lebenden bei den
Toten? [6]Er ist nicht hier, sondern er ist auferstanden. Erin-
nert euch an das, was er euch gesagt hat, als er noch in Ga-
liläa war: [7]Der Menschensohn muss den Sündern ausgeliefert
und gekreuzigt werden und am dritten Tag auferstehen.
[8]Da erinnerten sie sich an seine Worte. [9]Und sie kehrten vom
Grab in die Stadt zurück und berichteten alles den Elf und
den anderen Jüngern. [10]Es waren Maria Magdalene, Johanna
und Maria, die Mutter des Jakobus; auch die übrigen Frauen,
die bei ihnen waren, erzählten es den Aposteln. [11]Doch die
Apostel hielten das alles für Geschwätz und glaubten ihnen
nicht. [12]Petrus aber stand auf und lief zum Grab. Er beugte sich
vor, sah aber nur die Leinenbinden (dort liegen). Dann ging er
nach Hause, voll Verwunderung über das, was geschehen war.

Die Begegnung mit dem Auferstandenen auf dem Weg nach Emmaus 24,13-35

[13]Am gleichen Tag waren zwei von den Jüngern auf dem
Weg in ein Dorf namens Emmaus, das sechzig Stadien von
Jerusalem entfernt ist. [14]Sie sprachen miteinander über all
das, was sich ereignet hatte. [15]Während sie redeten und
ihre Gedanken austauschten, kam Jesus hinzu und ging mit
ihnen. [16]Doch sie waren wie mit Blindheit geschlagen, so-
dass sie ihn nicht erkannten. [17]Er fragte sie: Was sind das
für Dinge, über die ihr auf eurem Weg miteinander redet?
Da blieben sie traurig stehen, [18]und der eine von ihnen - er
hieß Kleopas - antwortete ihm: Bist du so fremd in Jerusa-
lem, dass du als einziger nicht weißt, was in diesen Tagen
dort geschehen ist? [19]Er fragte sie: Was denn? Sie antwor-
teten ihm: Das mit Jesus aus Nazaret. Er war ein Prophet,
mächtig in Wort und Tat vor Gott und dem ganzen Volk.

Jesus kehrt zurück ins Leben.
Menschen sterben nicht nur den konkreten Tod am Ende des Lebens. Der Tod während des Lebens ist oft noch schlimmer:

Der soziale Tod, wenn ich ausgeschlossen bin aus der Gemeinschaft, weil ich wochenlang unterwegs bin oder weil ich als Fahrer oder Fahrerin als minderwertig angesehen und auf den Autobahnen als lästig empfunden werde.

Der seelische Tod, wenn meine Beziehung in die Brüche geht, weil sie den Stress und die Trennungszeiten durch die Arbeit nicht mehr aushält, oder wenn ich dem Arbeitsdruck nicht mehr standhalten kann und ausgebrannt bin.

Der berufliche Tod, wenn ich einen schweren Unfall verursacht habe, meinen Führerschein verliere, meine Existenz auf dem Spiel steht.

Jesus kehrt zurück ins Leben. Er kann mir die Kraft geben, aus meinem Tod aufzustehen und wieder ins Leben zu finden. Er kann mir Menschen an die Seite stellen, die mich begleiten.

Josef Krebs

[20]Doch unsere Hohenpriester und Führer haben ihn zum
Tod verurteilen und ans Kreuz schlagen lassen. [21]Wir aber
hatten gehofft, dass er der sei, der Israel erlösen werde.
Und dazu ist heute schon der dritte Tag, seitdem das alles
geschehen ist. [22]Aber nicht nur das: Auch einige Frauen aus
unserem Kreis haben uns in große Aufregung versetzt. Sie
waren in der Frühe beim Grab, [23]fanden aber seinen Leich-
nam nicht. Als sie zurückkamen, erzählten sie, es seien ih-
nen Engel erschienen und hätten gesagt, er lebe. [24]Einige
von uns gingen dann zum Grab und fanden alles so, wie die
Frauen gesagt hatten; ihn selbst aber sahen sie nicht.
[25]Da sagte er zu ihnen: Begreift ihr denn nicht? Wie schwer
fällt es euch, alles zu glauben, was die Propheten gesagt
haben. [26]Musste nicht der Messias all das erleiden, um so
in seine Herrlichkeit zu gelangen? [27]Und er legte ihnen dar,
ausgehend von Mose und allen Propheten, was in der ge-
samten Schrift über ihn geschrieben steht. [28]So erreichten
sie das Dorf, zu dem sie unterwegs waren. Jesus tat, als
wolle er weitergehen, [29]aber sie drängten ihn und sagten:
Bleib doch bei uns; denn es wird bald Abend, der Tag hat
sich schon geneigt. Da ging er mit hinein, um bei ihnen zu
bleiben. [30]Und als er mit ihnen bei Tisch war, nahm er das
Brot, sprach den Lobpreis, brach das Brot und gab es ihnen.
[31]Da gingen ihnen die Augen auf und sie erkannten ihn;
dann sahen sie ihn nicht mehr. [32]Und sie sagten zueinan-
der: Brannte uns nicht das Herz in der Brust, als er unter-
wegs mit uns redete und uns den Sinn der Schrift erschloss?
[33]Noch in derselben Stunde brachen sie auf und kehrten
nach Jerusalem zurück und sie fanden die Elf und die ande-
ren Jünger versammelt. [34]Diese sagten: Der Herr ist wirklich
auferstanden und ist dem Simon erschienen. [35]Da erzählten
auch sie, was sie unterwegs erlebt und wie sie ihn erkannt
hatten, als er das Brot brach.

Die Erscheinung des Auferstandenen in Jerusalem:
24,36-53
[36]Während sie noch darüber redeten, trat er selbst in ihre
Mitte und sagte zu ihnen: Friede sei mit euch! [37]Sie erschra-
ken und hatten große Angst, denn sie meinten, einen Geist
zu sehen. [38]Da sagte er zu ihnen: Was seid ihr so bestürzt?
Warum lasst ihr in eurem Herzen solche Zweifel aufkom-
men? [39]Seht meine Hände und meine Füße an: Ich bin es
selbst. Fasst mich doch an und begreift: Kein Geist hat
Fleisch und Knochen, wie ihr es bei mir seht. [40]Bei diesen
Worten zeigte er ihnen seine Hände und Füße. [41]Sie staun-
ten, konnten es aber vor Freude immer noch nicht glauben.
Da sagte er zu ihnen: Habt ihr etwas zu essen hier? [42]Sie
gaben ihm ein Stück gebratenen Fisch; [43]er nahm es und aß
es vor ihren Augen.
[44]Dann sprach er zu ihnen: Das sind die Worte, die ich zu
euch gesagt habe, als ich noch bei euch war: Alles muss
in Erfüllung gehen, was im Gesetz des Mose, bei den Pro-
pheten und in den Psalmen über mich gesagt ist. [45]Darauf
öffnete er ihnen die Augen für das Verständnis der Schrift.
[46]Er sagte zu ihnen: So steht es in der Schrift: Der Messias
wird leiden und am dritten Tag von den Toten auferstehen,
[47]und in seinem Namen wird man allen Völkern, angefan-
gen in Jerusalem, verkünden, sie sollen umkehren, damit
ihre Sünden vergeben werden. [48]Ihr seid Zeugen dafür.
[49]Und ich werde die Gabe, die mein Vater verheißen hat, zu
euch herabsenden. Bleibt in der Stadt, bis ihr mit der Kraft
aus der Höhe erfüllt werdet.
[50]Dann führte er sie hinaus in die Nähe von Betanien. Dort
erhob er seine Hände und segnete sie. [51]Und während er
sie segnete, verließ er sie und wurde zum Himmel empor-
gehoben; [52]sie aber fielen vor ihm nieder. Dann kehrten sie
in großer Freude nach Jerusalem zurück. [53]Und sie waren
immer im Tempel und priesen Gott.

Gottes guter Geist begleitet Dich. Jesus geht mit seinen Freundinnen und Freunden mit.

In der Apostelgeschichte erzählt der Evangelist Lukas, wie Jesus sein Versprechen hält und Gott seinen Geist, seine Kraft schenkt, damit die Menschen die frohe Botschaft Jesu weiter erzählen.

Apg 2,1-4
„Das Pfingstereignis"
Als der Pfingsttag gekommen war, befanden sich alle am
gleichen Ort. 2Da kam plötzlich vom Himmel her ein Brau-
sen, wie wenn ein heftiger Sturm daherfährt, und erfüllte
das ganze Haus, in dem sie waren. 3Und es erschienen ihnen
Zungen wie von Feuer, die sich verteilten; auf jeden von ih-
nen ließ sich eine nieder. 4Alle wurden mit dem Heiligen
Geist erfüllt und begannen, in fremden Sprachen zu reden,
wie es der Geist ihnen eingab.

Gottes Geist ist Leben.
Geist der Freiheit, nicht der Versklavung,
Geist der Weite, nicht der Enge,
Geist der Wertschätzung,
nicht der Verachtung,
Geist der Gerechtigkeit,
nicht der Ungerechtigkeit,
Geist der Würde, nicht der Demütigung,
Geist der Liebe, nicht des Hasses.

Josef Krebs

Sorgen kann man teilen

Nachts. 1 Uhr. Das Telefon klingelt. „Ich kann nicht schlafen. In meinem Kopf dreht sich alles. Ich brauch' mal jemanden zum Reden." So beginnt das Gespräch.

Wer sich etwas von der Seele reden möchte, findet bei uns kompetente, ausgebildete Menschen, die zuhören, raten und helfen. Die Telefonseelsorge kann Probleme nicht lösen. Aber wenn jemand zuhört und antwortet, fühlen sich viele wieder lebendiger. Sie entdecken, dass sie mehr Kräfte haben, als sie dachten. Im Gespräch erfahren sie menschliche Nähe und Anstoß zu neuem Lebensmut. Oft ist das der erste Schritt für eine Problemlösung.

„Familie, Arbeit, Freunde – gerade läuft gar nichts rund. Was hat das alles für einen Sinn?"

Wir sind offen für alle Problembereiche und für alle Anrufenden in ihrer jeweiligen Situation – unabhängig von Religion, Nationalität und Geschlecht. Wir sind auch Gesprächspartner, wenn es um die Frage nach dem Sinn geht.

Das ist im Grunde auch die Frage nach Gott. Diese Frage stellen sich heute viele Menschen, am Tag und in der Nacht, wenn sich ihr Leben verändert oder sie in einer Krise sind.

Die Telefonseelsorgestellen sind Tag und Nacht erreichbar, auch an Wochenenden und Feiertagen, bundesweit.

„Hier kann ich doch ganz offen reden, Sie sagen doch nichts weiter?"
Niemand, der anruft, wird nach seinem Namen gefragt. Jeder und jede kann anonym bleiben. Die Nummer erscheint in keinem Display. Das Telefonat ist gebührenfrei und hinterlässt keine Datenspur, auch nicht auf der Telefonrechnung. Auch die Mitarbeiter der Telefonseelsorge bleiben anonym. Sie unterliegen der Schweigepflicht.

„Wie komme ich raus aus der Einsamkeit?"
Wir bieten auch Beratung und Seelsorge per Chat und E-Mail an. Das kann ein erster Schritt sein, sich ganz geschützt jemandem anzuvertrauen und Hilfe zu erfahren.

TelefonSeelsorge

Anonym. Kompetent. Rund um die Uhr.

So erreichen Sie uns:
0800 111 0 111
0800 111 0 222

Und im Internet auf:
www.telefonseelsorge.de

Wenn Ihr Leben in eine Sackgasse geraten ist, Ihnen Ihre Probleme über den Kopf wachsen, lassen Sie sich von den Fachleuten der Caritas beraten. Schnell und unkompliziert erhalten Sie Antworten auf Ihre Fragen. Die Beratung kostet nichts und ist sicher. Wenn Sie wollen, können Sie anonym bleiben. Die Caritas garantiert Ihnen bei jeder Beratung absolute Diskretion. Das gewährleistet unser speziell entwickeltes Mail- und Chat-Verfahren, über das Sie nach Ihrer Anmeldung mit den Beratern Kontakt aufnehmen.

Sackgassen müssen nicht sein

Das Online-Beratungsangebot der Caritas ist vielfältig. Hilfe und Beratung erhalten Sie hier zu folgenden Themen und Fragestellungen: Aids und HIV, allgemeine soziale Probleme, Angehörige von Straffälligen, Behinderung und psychische Erkrankung, Eltern und Familie, Kinder und Jugendliche, Kuren für Mütter und Väter, Leben im Alter, rechtliche Betreuung und Vorsorge, Schulden, Schwangerschaft, Sucht und Suizidprävention. Die Expertinnen und Experten der Caritas beantworten Ihre Fragen in der Regel innerhalb von zwei Werktagen.

Mit Ihren Problemen sind Sie nicht allein. Die Fragen vieler Menschen ähneln sich. Häufig gestellte Fragen und die wichtigsten Antworten finden Sie auf unserer Website. Verschaffen Sie sich dort einen ersten Überblick, hier finden Sie Antworten auf Fragen, die unseren Fachleuten in den Beratungsdiensten immer wieder gestellt werden.

Die Beraterinnen und Berater der Caritas sind erfahren und kompetent. Das Beratungsnetz ist bundesweit sehr eng. Die Onlineberatung wird in den Beratungsstellen, Diensten und Einrichtungen vor Ort durchgeführt. Das heißt, die Berater und Beraterinnen, die in den Beratungsstellen anzutreffen sind, übernehmen auch die Beratung im Internet.

caritas

Dank Smartphone, Tablet und WLAN dürften Sie überall einen raschen Zugang ins Internet haben. Klicken Sie sich rein ins Beratungsangebot der Caritas unter

www.caritas.de/hilfeund-beratung/onlineberatung

Vom Online-Beten zum Seelsorgerkontakt

Für immer mehr Reisende sind das Smartphone, das Tablet oder der Laptop eine ideale Möglichkeit, um den Kontakt nach Hause zu halten und um Informationen zu beschaffen. Auch die katholische Kirche bietet mit Internetseelsorge.de ein Onlineportal an. Es ermöglicht zentralen Zugang zu unterschiedlichsten Themen, die mit Seelsorge, Glauben und Kirche zu tun haben. Angebote der Bistümer, Orden und Verbände sowie ausgewählte Privatinitiativen werden übersichtlich vorgestellt und thematisch erschlossen. Das ist praktisch, gerade wenn man weit weg von zu Hause ist.

Möchten Sie eine Seelsorgerin oder einen Seelsorger ansprechen?

Wenn Sie Fragen zu Ihrem Leben und Ihrem Glauben haben, über Schwierigkeiten und Probleme mit jemandem in Kontakt kommen möchten, können Sie sich über die Website direkt an Seelsorgerinnen und Seelsorger wenden. In der Regel dauert es nur ein bis zwei Tage bis zum ersten Kontakt. Selbstverständlich ist diese Form der Onlineberatung vertraulich. Der Maildialog erfolgt über ein gesichertes Webmailsystem.

Möchten Sie sich über den katholischen Glauben informieren und mit anderen ins Gespräch kommen?

Es gibt eine Vielzahl seriöser Websites, Blogs, Apps und Facebook-Seiten, um sich über Fragen des Glaubens zu informieren und auch von unterwegs in einen Austausch zu kommen. So bieten die meisten deutschen Bistümer eigene umfassende Internetangebote an. Aus dieser großen Vielfalt wählt Internetseelsorge.de interessante Tipps und konkrete Empfehlungen zu einzelnen Themen und Fragenstellungen auch in Ihrer Region aus.

Sie sind auf der Suche nach Gebet und Gottesdienst?
Der Gottesdienst ist das zentrale Element des Glaubens. Den jeweiligen Ort und Beginn finden Reisende über die Webseiten der Bistümer: katholisch.de/kirche/deutschland. Wer online an einem Gottesdienst teilnehmen will, kann ebenfalls das Web nutzen. Von der täglichen Liveübertragung von Gottesdiensten über das aktive Mitbeten des Stundengebetes, von persönlichen Gebetsanliegen bis zur Vorbereitung auf die Hochzeit bietet Internetseelsorge.de eine Auswahl interessanter Links.

Sie suchen spirituelle Impulse und eine persönliche Beziehung zu Gott?
Geistliche Begleitung und Exerzitien sind ein Angebot, dem Geheimnis des Lebens auf die Spur zu kommen, und ein Weg, sich selbst und Gott vertieft zu begegnen. Exerzitien eröffnen Räume und Zeiten für das geistliche Wachsen eines Menschen zu einer immer tieferen persönlichen Gottverbundenheit. Das Internetportal öffnet die Türen zu diesen und zahlreichen weiterführenden Angeboten.

Katholische Arbeitsstelle
für missionarische Pastoral

Internetseelsorge.de

Zu den Webseiten
der deutschen Bistümer:
katholisch.de/kirche/deutschland

Zur Website:
www.internetseelsorge.de

Partnerschaft nur am Telefon

Eine echte Herausforderung für die Partnerschaft stellt das Leben eines Berufskraftfahrers dar, der viel unterwegs und wenig zu Hause ist. Auf die Frage, was die Paare über viele Jahre lang zusammenhält, antworten die Fahrenden, das Verständnis für den Beruf, die Bereitschaft, dieses Leben zu teilen, und das Vertrauen in die Beziehung. Glückliche Paare haben ein Geheimnis: Sie können gut miteinander reden. Das klingt einfach. Doch bei heiklen Themen oder unter Stress kochen die Emotionen schnell hoch: Ein Wort gibt das andere und schon hängt der Haussegen schief. Was kann mann/frau hierfür tun, um gut miteinander reden zu können, welches Verhalten kann mann/frau dafür lernen?

Als wichtigster Faktor für das Scheitern oder auch das Gelingen einer Beziehung erweist sich die Art und Weise, wie Paare mit Problemen umgehen und wie sie miteinander sprechen. Dabei wird an erster Stelle der „positive Austausch" genannt. Hier steht vor allen anderen eine offene Gesprächs- und Streitkultur sowie die „Zärtlichkeit und Sexualität", die „Zuneigung", die gegenseitige „Akzeptanz" und der „Humor".

Reden Sie mehr als zehn Minuten täglich mit ihrem Partner bzw. mit ihrer Partnerin? Ja, dann sind Sie besser als der Durchschnitt in Deutschland.

Miteinander reden, damit die Liebe bleibt!

Im Alltag vergessen viele Paare, ihrem Partner, bzw. ihrer Partnerin zu sagen, was in ihnen vorgeht, was sie bewegt, und stellen dann im Verlauf ihrer Beziehung erschreckt fest, wie wenig sie ihrem Partner noch zu sagen haben. Es entsteht das Gefühl, missverstanden, überrumpelt, nicht ernstgenommen zu werden. Gegen solche Entwicklungen kann mann/frau vorbeugend etwas tun.

Vergessen Sie nicht, über positive Gefühle miteinander zu sprechen. Fragen Sie sich, welche Menschen Ihnen gemeinsam wichtig sind? Welche Wertvorstellungen Sie gemeinsam teilen? Was trägt Sie durch Ihren Alltag? Erzählen Sie einander, was Sie am anderen mögen? Bleiben Sie im Gespräch offen, aufmerksam und zugewandt. Auch im Streit ist es besser, von sich und den Gefühlen zu reden, kritisieren Sie nur das Verhalten, achten Sie respektvoll den Gesprächspartner. Versuchen Sie durch Nachfragen zu verstehen, so kommen Sie einander nahe.

Gerade am Telefon ist es für die Partnerschaft wichtig, Zeit zu haben, um nachfragen zu können, Verständnis zu haben und immer auch versöhnungsbereit zu sein. Planen Sie Ihre Kontakte mit zu Hause. Miteinander Sprechen ist besser als Schreiben.

Es gibt Regeln für ein gelingendes Paargespräch. Stärken Sie Ihre Partnerschaft und gönnen sich ein sinnvolles Paarwochenende. Nähere Informationen und Ausführungen finden Sie auf der Seite der Arbeitsgemeinschaft für katholische Familienbildung. Dort werden bundesweit Kurse für Gesprächstrainings nach EPL (ein partnerschaftliches Lernprogramm) oder KEK (konstruktive Ehe und Kommunikation) angeboten.

Weitere Informationen auf **www.epl-kek.de**

Essen und Trinken hält Leib und Seele zusammen

Im Gespräch mit der Ernährungsberaterin Ulrike Umlauft von der AOK aus Coburg.

OnTour: Fahrer sind größtenteils unterwegs und müssen sich auch unterwegs verpflegen. Wo sehen Sie als Ernährungsberaterin die Herausforderungen für die Fahrer?

Frau Umlauft: Probleme sehe ich darin, dass es keine Möglichkeit gibt, feste Pausenzeiten einzuhalten. Dadurch entsteht unregelmäßiges Essen. Zudem ist unterwegs das Verpflegungsangebot nicht wirklich planbar.

OnTour: Worauf soll ein Fahrer besonders achten, um seine Konzentrationsfähigkeit zu erhalten, Müdigkeit zu vermeiden und die Ausdauer über den Tag zu stärken?

Frau Umlauft: Ausreichend trinken, also ca. zwei Liter kalorienfreie Getränke mitnehmen. Täglich 600g Obst und Gemüse über den Tag verteilt auf fünf Portionen einplanen.

OnTour: Natürlich ist Obst gesund, hat wenig Kalorien und man wird trotzdem satt. Wie kann Ihrer Empfehlung nach so eine Tagesration für einen Fahrer zusammengestellt sein?

Frau Umlauft: A und O ist ein ausgewogenes reichliches Frühstück, um einen optimalen Start zu gewährleisten. Idealerweise bestehend aus Vollkornbrot mit fettarmem Belag oder Müsli mit Joghurt und Früchten. Gut ist es, seine Zwischenmahlzeiten von zu Hause mitzunehmen, z.B. Sandwiches, Gemüse-Sticks, Kräuterquark und abends eine abwechslungsreiche warme Mahlzeit (am besten zu Hause zu essen). Wer gerne etwas herzhaftes Warmes braucht, kann sich eine Gemüsebrühe in der Thermoskanne mitnehmen oder sich vielleicht auch in einer Pause unterwegs zubereiten.

OnTour: Oft ist der Druck hoch und viele kommen gar nicht zum richtigen Essen. Da wird auch während der Fahrt Nahrung aufgenommen. Halten Sie dieses Verhalten für sinnvoll?

Frau Umlauft: Eher nicht. Zum einen besteht natürlich die Gefahr der Ablenkung vom Straßenverkehr, zum anderen bedeutet nebenher Essen auch immer unkontrolliertes Essen. Die verzehrte Menge ist so nur schlecht kontrollierbar. Da ist der Griff zur Wasserflasche sicher unproblematischer!

OnTour: Was empfehlen Sie einem Fahrer, der für sein Gewicht einfach zu klein ist?

Frau Umlauft: Schon vor der Abfahrt zu Hause einplanen, was man essen möchte und entsprechende Pausenfüller mitnehmen. So könnte er Notsnacks griffbereit haben, z.B. Vollkornzwieback, Knäckebrot oder Studentenfutter. Dann sollte der oder die Betroffene auch Sport einplanen und unterwegs auch für Bewegung sorgen.

OnTour: Danke für die praktischen Tipps. Viele haben für sich das Selberkochen bzw. -erhitzen entdeckt. Sie besorgen sich Gaskartuschenkocher und schweißen sich bereits zu Hause Vorräte ein, die sie praktisch und günstig mitnehmen und erhitzen können. An vielen Autohöfen und Raststätten ist die Verpflegung einfach sehr kostspielig.

Norbert Jungkunz

Tischgebet

Guter Gott, bevor wir essen und trinken, will ich Mensch sein und innehalten.
Ich will verstehen, was ich tue, sehen, was ich esse, erkennen, wem ich es zu verdanken habe.
Öffne mich für dieses Mahl, für die Gaben auf dem Tisch, für die Erde, die uns nährt.
Gib mir Augen und Ohren für alle, die mit mir am Tisch sitzen.
Segne alle, denen ich dieses Mahl verdanke, den Bauern, dem Müller und dem Bäcker,
den Lastwagenfahrern, den Verkäuferinnen, allen, die kochen und den Tisch decken.
Erfülle alles, was wir essen, mit deinem Leben. Lass uns dich erkennen, du guter Gott.
Amen.

„Erst einmal zum Schlafen kommen!" Diese Worte werden Berufskraftfahrer dem geflügelten Wort aus der Bibel entgegenhalten. Vielleicht kann sich nach ausgedehnter schwieriger Parkplatzsuche auf einem Standplatz an einer modernen Rastanlage abseits vom Lärm der rasenden Autobahnbenutzer nach einiger Vorbereitung der Schlaf einstellen. Doch viele Parkplätze bieten nicht die notwendige Ruhe.

Jedem Berufskraftfahrer ist ein gesunder Schlaf wichtig. Er ist der wichtigste Schutz gegen Übermüdung und den tödlichen Sekundenschlaf. Diese eine Zeile aus den Psalmen, aus dem Wallfahrtslied Salomos verweist darauf, dass alle Mühen und alles Arbeiten vergebens sind, wenn nicht Gottes Segen dabei ist.

Ein guter Schlaf ist wie ein guter Segen für einen, der im Verkehr immer hellwach zu sein hat. Nur wer ausgeschlafen ist, kann auch schwierige Verkehrssituationen rechtzeitig wahrnehmen und richtig reagieren. Das Konzentrationsvermögen wird durch stundenlanges Fahren, starke körperliche Anstrengungen und unregelmäßigen Schlaf beeinträchtigt und strapaziert.

Achten Sie auf die Alarmzeichen: Gähnen, Lidbrennen, schwere Augenlider, Kopfschwere, häufige Lenkkorrekturen, Schwierigkeiten beim Abstandhalten. Dann hilft auch ein ausgezogenes Nasenhaar oder ein schneller Kaffee nichts mehr.

Reagieren Sie rechtzeitig und suchen Sie sich einen Stellplatz. Besonders in der Nacht gegen 3 Uhr sinkt die Leistungsfähigkeit von Körper und Sinnesorganen auf ihren Tiefpunkt.

Dauerhafte Schlafstörungen gehören für viele Berufskraftfahrer zu einer alltäglichen Belastung. Manchmal tritt eine übermäßige Tagesschläfrigkeit auf. Aufmerksamkeitsstörungen, ungewolltes Einschlafen, Sekundenschlaf oder Einschlafen in monotonen Anforderungssituationen können dafür Kennzeichen sein. Dann ist es höchste Zeit, den Arzt oder ein Schlaflabor aufzusuchen. Eine Untersuchung und Behandlung kann die Schläfrigkeit verbessern und zu einem tiefen, erholsamen Schlaf führen.

Nur so kann auch ein Schlafapnoe-Syndrom festgestellt werden, unter dem leider auch Berufskraftfahrer leiden. Atemaussetzer in der Nacht bringen den Betroffenen um den erholsamen Schlaf. So entstehen ein chronisches Schlafdefizit und die Tagesschläfrigkeit. Doch dieses Schlafapnoe-Syndrom kann therapiert werden. Auch droht durch die Krankheit nicht das berufliche Aus, denn wer sich helfen lässt, der hat wieder mehr Lebensqualität.

Den Seinen schenkt es der Herr im Schlaf

(Psalm 127.2)

Wer sich über einen gesunden Schlaf besser informieren und sich Tipps holen will, kann sich beim Bundesverband Schlafapnoe und Schlafstörungen Deutschland BSD e.V., Panoramastr. 6, 73760 Ostfildern informieren.

Warum sollte man sich bei Schlafstörungen therapieren lassen?

Jeder, der nicht richtig schlafen kann, sollte sich therapieren (untersuchen) lassen. Er sichert sich seinen Arbeitsplatz und vernichtet ihn nicht durch einen Unfall. Man trägt nicht nur zur Verkehrssicherheit bei, sondern er oder sie tut seiner Gesundheit und Familie etwas Gutes. Wenn man wieder richtig und ausreichend geschlafen hat, bekommt das Leben wieder einen anderen Stellenwert. Deshalb mein Appell an alle Kollegen und Kolleginnen: Lasst euch untersuchen und therapieren und ihr kommt immer gut von eurer Tour nach Hause und zu eurer Familie zurück.

Dieter Wahl,
Stellvertretender
Vorsitzender BSD und
Berufskraftfahrer

www.bsd-selbsthilfe.de

www.dasschlafmagazin.de

Gut gesichert – die BG Verkehr unterstützt Sie dabei

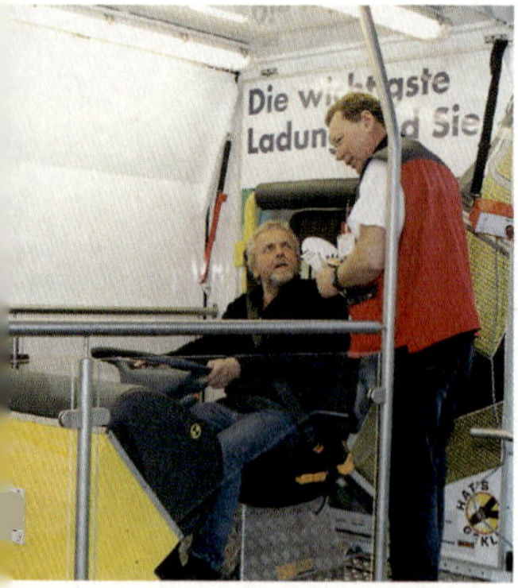

Die BG Verkehr versichert Fahrer gegen Arbeitsunfälle und Berufskrankheiten. Aber noch wichtiger ist eine weitere Aufgabe, nämlich dazu beizutragen, dass Arbeitsunfälle und Berufskrankheiten gar nicht erst entstehen.

Für Berufskraftfahrer ist die Verkehrssicherheit ein wichtiges Thema. Und Verkehrssicherheit fängt bei jedem Einzelnen an. Deshalb ist die BG Verkehr seit über zehn Jahren mit ihrem Überschlagsimulator und Gurtschlitten unterwegs, um die Fahrer von der Nutzung des Gurts zu überzeugen. Am Anfang gab es dabei viele skeptische Stimmen zu hören. „Als Lkw-Fahrer braucht man das doch nicht." „Wenn etwas passiert, springe ich raus". Dabei ist längst erwiesen, dass der Gurt der Lebensretter Nr. 1 ist. Drei von vier Verunglückten könnten noch leben oder wären weniger schwer verletzt, wenn sie beim Unfall angegurtet gewesen wären. Gerade in modernen Fahrzeugen, die mit einem Airbag ausgestattet sind, ist dies wichtig. Denn Airbag und Sicherheitsgurt bilden ein aufeinander abgestimmtes Sicherheitssystem. Der Verzicht auf eine der Komponenten schwächt das Gesamtsystem und kann eine zusätzliche Gefährdung darstellen. So kann ein auslösender Airbag einen nicht angegurteten Fahrer zusätzlich verletzen.

Wer achtsam mit sich umgeht, gurtet sich an. Dies ist er auch seiner Familie schuldig. Schließlich warten die Lieben zu Hause, dass der Vater und Ehemann am Freitag wohlbehalten zurückkommt.

Deshalb freut es die Mitarbeiter der BG Verkehr, wenn sie mit den Simulatoren dazu beitragen können, dass Fahrer nachdenklich werden. Wer einmal erlebt hat, wie ihn der Gurt bei einem Aufprall auf ein Hindernis oder bei einem simulierten Überschlag fest und sicher im Sitz hält, wird zukünftig auf diesen Schutz nicht mehr verzichten wollen. Dies haben inzwischen viele Fahrer erkannt. Sich selbst zu

sichern, ist so wichtig wie das Sichern der Ladung, denn: „Die wichtigste Ladung sind Sie!“
Viele persönliche Erlebnisse sprechen ebenfalls dafür. „Wenn ich bei meinem Unfall nicht angegurtet gewesen wäre, säße ich jetzt nicht hier. Deshalb schnalle ich mich jetzt immer an.“ Häufig ist auch die Aussage: „Bei uns im Unternehmen ist dies selbstverständlich!“
Und offensichtlich nicht nur die Gurtnutzung. Für viele ist ihre Arbeit nicht nur ein Job, sondern sie sind stolz, als Fahrer unterwegs zu sein, und zeigen dies mit dem Namenszug der Firma auf ihrer Kleidung. Wer einmal in der Mühlenbachschleife beim Truck-Grand-Prix war, hat erlebt, wie wichtig das Zusammengehörigkeitsgefühl in der Firma ist. Viele Unternehmen haben dies auch erkannt und laden uns zu Fahrertagen ein, bei denen die Unterweisungen oder die Weiterbildung für die Fahrer im Mittelpunkt stehen. Sie finden die BG Verkehr mit ihren Infos auch auf der „IAA Nutzfahrzeuge“ und anderen Veranstaltungen. Denn wir wollen Sie unterstützen, damit Sie gut ankommen.

BG Verkehr

Informationen zur BG Verkehr und zu Themen der Arbeitssicherheit und des Gesundheitsschutzes finden Sie auf der Website der BG Verkehr: **www.bg-verkehr.de.**

Der Berufskraftfahrer – zwischen Romantik und Ausbeutung

Als Du Dich für den Beruf des Berufskraftfahrers entschieden hast, ahntest Du bestimmt nicht, dass es nicht nur darum geht, mit einem kraftstrotzenden Lkw wertvolle Ware von A nach B – vielleicht sogar international – zu transportieren. Je nachdem, bei welchem Unternehmen Du gelandet bist, wirst Du zunehmend auch mit immer mehr rechtlichen Fragen konfrontiert. Möglichst schnell und möglichst viel zu transportieren, ist häufig die Devise – denn Zeit ist Geld. Du fährst hart am Limit – die Geschwindigkeitsbeschränkung ist ein lästiges Übel, aber da Du sowieso nur selten kontrolliert wirst, kann man auch mal etwas schneller fahren. Überladung? Was kannst Du dazu, wenn der Auftraggeber das Fahrzeug überlädt – Du hast sowieso keine Möglichkeit, dies zu kontrollieren. Abfahrtskontrolle macht keinen Sinn – die Mängel am Fahrzeug hast Du schon mehrmals dem Chef gemeldet und nichts ist passiert. Ladungssicherung kostet Zeit, die man nicht hat. Lenkzeitunterbrechungen und Ruhezeiten einzuhalten, ist Luxus, den keiner bezahlen kann. Das sagt nicht nur Dein Chef – auch Deine Frau und Deine Kinder wollen Dich zu Hause haben und wollen nicht, dass Du wegen einer einzuhaltenden Pause die Nacht nicht zu Hause verbringen kannst.

Na ja, das Geld könnte etwas mehr sein. Aber Dein Chef nagt auch fast am Hungertuch – sagt er jedenfalls. Und jeder weiß, dass die Billigunternehmen aus Osteuropa Deinem Chef das Leben schwer machen. Also heißt es, den Gürtel enger zu schnallen und froh darüber zu sein, überhaupt einen Arbeitsplatz zu haben.

Aber irgendwann bist Du es leid. Das Geld reicht vorne und hinten nicht. Die Gesundheit wird auch immer stärker angegriffen. Und weil Du ab und zu zum Arzt musstest, ist auf einmal Dein Chef gar nicht mehr so freundlich. Die Familie mault, weil Du immer später nach Hause kommst und dann auch ziemlich kaputt bist. Der Chef fängt an, die Spesen und die Prämie wegen Kleinigkeiten zu kürzen. Und das Bußgeld wegen Nichteinhaltung von Lenk- und Ruhezeiten zahlt er auch nicht mehr.

Spätestens jetzt solltest Du wissen, was Deine Rechte und Deine Pflichten als Fahrer sind. Und wer Dir helfen kann, wenn es denn mal richtig dicke Probleme gibt.

Arbeitszeitvorschriften und Ladungssicherheit

Als Berufskraftfahrer weißt Du, was hinter den Begriffen Lenk- und Ruhezeit, Wochenendruhezeit und Schichtzeit steckt. Deren Nichteinhaltung kann zu Riesenärger mit den Kontrollbehörden und zu Bußgeldzahlungen führen.

Wer das Kontrollgerät nicht richtig bedient, begeht keinen Kavaliersdelikt – es ist eine strafbare Handlung. Also Vorsicht.

Dass die Ladungssicherung ein notwendiges Übel ist, weißt Du als Profi. Auch dass Du Dich nicht darauf verlassen darfst, dass der Verlader alles richtig macht. Denn Du bist als Fahrer für die Betriebssicherheit Deines Fahrzeugs verantwortlich.

Bei Unfällen mit Personenschäden, an Denen du eigentlich überhaupt kein Verschulden hast, wird alles genauestens kontrolliert: von den Reifen bis zur Ladungssicherung, die Arbeits- und Ruhezeiten und ob das Fahrzeug überladen ist. Und wenn irgendwo etwas gefunden wird, könnte es sein, dass Dir als Fahrer eine Mitverantwortung an dem Unfall gegeben wird.

Selbst wenn Dein Arbeitgeber es Dir schriftlich gegeben haben sollte, dass er die Bußgelder übernimmt, ist er dazu nicht verpflichtet.

Sigurd Holler, Gewerkschaftssekretär, ver.di Rheinland-Pfalz/Saarland, Fachbereich Postdienste, Speditionen und Logistik, Koblenz

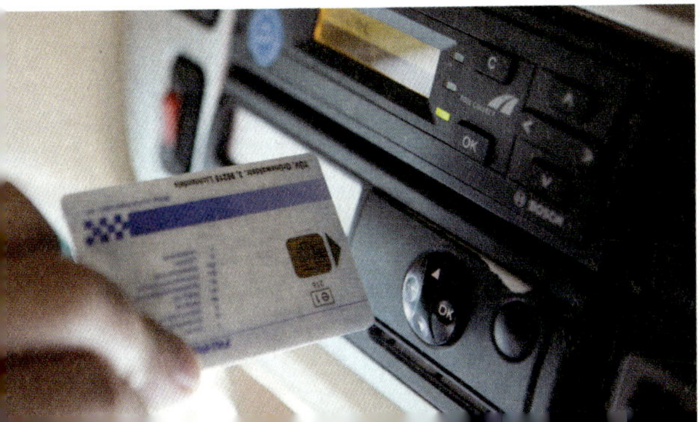

Bange machen gilt nicht – an einer Lösung arbeiten

Aber was tun, wenn dem Chef oder dem Disponenten das alles egal ist? Die Angst um den Arbeitsplatz macht Dich handlungsunfähig. Zuerst solltest Du Dir im Klaren werden, was Du willst: Weiter ein Opfer des Gewinnstrebens – nicht anders ist es zu bewerten, wenn Du unter Druck alle gesetzlichen Vorgaben missachten sollst – sein, Deine Familie in Angst lassen, ob Du gesund nach Hause kommst oder ein selbstbewusster Fahrzeugführer, der weiß, was er kann, der arbeiten will und wertgeschätzt werden will.

1. Maßnahme:

Das Gespräch mit dem Chef suchen. Mache ihm klar, dass Du im Zweifel von Deinem Lohn die Bußgelder zahlen musst, den Führerschein riskierst und vielleicht sogar mit einem Bein im Gefängnis stehst. Und weil Du Ernährer Deiner Familie bist, willst Du auch noch bis zur Rente Deinen Job ausüben können.
Wenn der Chef nicht einsichtig ist, auf keinen Fall einfach kündigen: Oft sind in den Arbeitsverträgen für solche Fälle Vertragsstrafen vereinbart. Das könnte teuer werden. Deswegen ...

2. Maßnahme:

Rechtlichen Rat einholen. Fachkundige Gewerkschafter geben Dir den richtigen Rat, was Du in den jeweiligen Situationen machen solltest. Aber mache Dich darauf gefasst: Ohne Konflikt wird es nicht gehen! Kein Anwalt, kein Gewerkschaftsvertreter wird Dir raten, mit überladenen Fahrzeugen weiterzufahren oder das Kontrollgerät weiter zu manipulieren (z.B. Be- und Entladezeiten als Pausen registrieren).

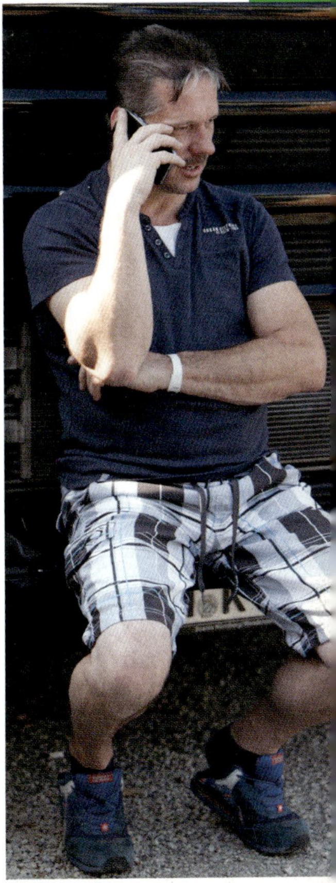

Ein Rat könnte sein:
Fahre zur nächsten Polizeidienststelle und informiere die Beamten, dass Du bedrängt wirst weiterzufahren, obwohl die Lenkzeiten bereits erfüllt sind oder das Fahrzeug überladen ist.
Wenn keine Gefahr für Leib und Leben besteht, könnte ein anderer Rat auch sein, dem Arbeitgeber schriftlich anzukündigen, dass Du Dich ab sofort konsequent an bestehende Vorschriften halten wirst und gegebenenfalls die Ware nicht pünktlich beim Kunden ankommt.
Es gibt noch viele weitere Möglichkeiten, sich zu wehren. Immer wird der Arbeitgeber Dir sagen: Wenn es Dir nicht passt, kannst Du ja woanders arbeiten.
Bange machen gilt nicht, denn ein Kündigungsgrund liegt nicht vor, wenn Du nur deswegen nicht weiterarbeitest, weil Du sonst gegen Vorschriften verstößt. Eine dann wegen Arbeitsverweigerung ausgesprochene Kündigung ist nicht nur gesetzeswidrig, sondern verstößt auch gegen das Maßregelungsverbot des Bürgerlichen Gesetzbuchs (BGB).

Das liebe Geld …

Sicherlich bekommst Du wie viele andere Fahrer auch einen Pauschallohn, mit dem alle Arbeitsstunden, Überstunden, Zuschläge wie z.B. auch der Nachtzuschlag abgegolten sein sollen.

Die Formulierungen in den meisten Arbeitsverträgen sind unzulässig, denn der Pauschallohn kann nicht alle Überstunden abdecken und erst recht nicht den Nachtzuschlag. Wenn der Arbeitgeber nicht genau formuliert – und das machen die meisten nicht, kann es im Streitfall ganz schön teuer werden für den Arbeitgeber.

Aber wenn Du wissen willst, was Deine Arbeitskraft wirklich wert ist, ist es ganz wichtig, dass Du Deine Arbeitszeiten belegen kannst. Und da sind wir wieder bei den erfassten Arbeitszeiten durch das Kontrollgerät. Denn die Aufzeichnungen des Kontrollgeräts haben Beweischarakter. Wenn Du da schummelst, betrügst Du Dich spätestens dann selbst, wenn Du den Dir zustehenden Lohn einfordern willst.

Die gesetzliche Regelarbeitszeit ist bei einer 5-Tage-Woche 40 Stunden bei einer 6-Tage-Woche 48 Stunden. Ein Pauschallohn ohne konkrete Formulierung, wie viele Überstunden mit dem Lohn abgegolten sein sollen, deckt nur diese Arbeitszeit ab. Das wären entweder 174 bzw. 206 Monatsstunden. Alles, was darüber hinaus geht, muss zusätzlich bezahlt werden. Findet ein Tarifvertrag Anwendung, müssen die Überstunden sogar mit Zuschlag abgegolten werden.

Daneben müssen die Nachtstunden – wenn arbeitsvertraglich hierzu nichts vereinbart ist und kein Tarifvertrag Anwendung findet – ebenfalls mit einem Zuschlag vergütet werden.

Qualitätsprämie, Anwesenheitsprämie, Zuverlässigkeitsprämie, Prämie für sparsames Fahren

Toll, wofür der Chef alles eine Prämie zahlt. Aber nicht jede Kürzung der Prämie ist gerechtfertigt oder zulässig. Insbesondere dann nicht, wenn Du mit Deinem Stundenlohn unter den Tariflohn bzw. unter den gesetzlichen Mindestlohn rutschst. Nachrechnen und prüfen kann sich bar auszahlen. Gerne spart der Arbeitgeber bei Urlaub und Krankheit die Prämien ein – und das ist schon gar nicht zulässig. Nur bei Krankheit kann die Anwesenheitsprämie in bestimmtem Umfang gekürzt werden.

Außer Spesen nichts gewesen?

Seien wir doch mal ehrlich: Du rechnest doch die Spesen als einen Lohnbestandteil und nicht als das, was es eigentlich sein sollte – ein Auslagenersatz.

Umso ärgerlicher ist es, wenn der Chef auf einmal anfängt, die Spesen zu kürzen. Darf er das so einfach?

Als erstes ist zu prüfen, ob die Spesen arbeitsvertraglich vereinbart wurden. Steht dazu nichts im Arbeitsvertrag, ist zu prüfen, ob ein Tarifvertrag Anwendung findet. Wenn beides nicht der Fall ist, ist die Zahlung freiwillig. Damit kann der Arbeitgeber auch die Höhe bestimmen. Alles, was der Arbeitgeber unterhalb der in den Steuerrichtlinien festgehaltenen Sätze zahlt, kann bei der Steuererklärung geltend gemacht werden.

Aber Achtung: Zahlt der Arbeitgeber die Spesen schon mehrere Jahre und will sie dann plötzlich kürzen, lohnt sich eine rechtliche Prüfung der Zulässigkeit. Es kann sein, dass in einem solchen Fall die Kürzung oder Streichung unzulässig ist.

$$\frac{1900\ €\ \text{Pauschallohn}}{208\ \text{Stunden zulässige Arbeitszeit}} = 9{,}13\ €\ \text{Stundenlohn}$$

+ 146,08 € für Überstunden

+ 2,28 €/Stunde Nachtzuschlag

Zwei Rechenbeispiele, wie Du Deinen Lohn kontrollieren kannst:

Beispiel 1: Arbeitsvertrag ohne Tarifbindung

Du hast einen Pauschallohn von 1900 € brutto vereinbart. Es ist also der Mindestlohn von 8,50 € (ab 1.1.2017 8,84 €) zu zahlen. Wenn Du nun den Pauschallohn durch 8,50 € teilst, weißt Du, dass du maximal 224 Stunden im Monat dafür arbeiten musst.

Je nach Formulierung des Arbeitsvertrages (die Formulierung „mit dem Lohn sind auch alle Überstunden und zuschlagspflichten Arbeitszeiten abgegolten" ist wie oben beschrieben unzulässig) ist allerdings bei einer 6-Tage-Woche davon auszugehen, dass der Lohn von 1800 € brutto für 208 Stunden gezahlt wird.

Dann ergibt sich eine ganz andere Rechnung:

1900 € brutto dividiert durch die monatliche regelmäßig zulässige Arbeitszeit von 208 Stunden ergibt einen Stundenlohn von 9,13 €. Da Du aber in diesem Beispiel nicht 208 Stunden sondern 224 Stunden gearbeitet hast, sind noch 16 Stunden mit je 9,13 € zu vergüten. Dann hast Du noch Anspruch auf 146,08 € brutto.

Für jede Nachtstunde zwischen 23 Uhr und 6 Uhr bei mindestens 2 Stunden in diesem Zeitraum ist zusätzlich für jede Stunde 2,28 € netto zusätzlich zu zahlen. Wer regelmäßig nachts arbeitet, kann sogar mit einem höheren Zuschlag rechnen.

174 * 12,00 € = 2088 €
Stunden Lohn

+ 750 € für Überstunden (12,00 € * 50 + 25% Zuschlag)

+ Nachtzuschlag

Beispiel 2: Arbeitsvertrag mit Tarifbindung
Du hast einen Pauschallohn von 1900 € brutto vereinbart. Der Tariflohn ist in jedem Bundesland unterschiedlich. In diesem Beispiel gehen wir von einem fiktiven Stundenlohn von 12 € aus. In diesem Fall müsstest Du nur 159 Stunden arbeiten (1900 € geteilt durch 12 €).
Tatsächlich arbeitest Du aber 224 Stunden im Monat. Der Tarifvertrag sieht für jede Überstunde einen Zuschlag von 25% vor. Die tarifliche Arbeitszeit beträgt 40 Stunden in der Woche, also 174 Stunden im Monat.

Dann ergibt sich eine ganz andere Rechnung:
174 Stunden zu 12 € pro Stunde ergibt einen Lohn in Höhe von 2088 € brutto für die normale Arbeitszeit. Da Du monatlich ca. 50 Überstunden machst (224 minus 174), ist diese Zeit mit Zuschlag zu vergüten: 12 € + 25% Zuschlag = 15 €. 50 Stunden mal 15 € ergibt eine Überstundenvergütung von 750 €.
Der Nachtzuschlag ist entsprechend den tariflichen Regelungen zusätzlich zu zahlen.

Aber wendet Dein Arbeitgeber überhaupt einen Tarifvertrag an?

Das wissen wir nicht. So wie wir die Mitgliedschaft eines Fahrers in ver.di geheim halten, hält der Arbeitgeberverband geheim, welche Arbeitgeber bei ihm organisiert sind. Im Zweifel musst Du davon ausgehen, dass Dein Arbeitgeber nicht tarifgebunden ist. Trotzdem lohnt sich ein Blick in den Arbeitsvertrag. Oft steht darin etwas über den Tarifvertrag – auch wenn er nicht im Detail angewendet wird.

Bei Fragen und Problemen im Betrieb nicht mehr alleine sein

Wie kann Dir nun ver.di helfen?

Die ver.di-Hotline
0800 83 73 43 3
nimmt werktags
von 7.00 – 20.00 Uhr,
samstags
von 9.00 – 20.00 Uhr
Dein Anliegen auf,
auch wenn Dein örtlicher Ansprechpartner für die Berufskraftfahrer nicht erreichbar ist.
Den zuständigen ver.di-Bezirk findest Du auf der Website **www.verdi.de/wegweiser/verdi-finden**.
Im Bezirk fragst du nach Deinem zuständigen Sekretär für den Güterkraftverkehr.

Was kann ver.di für Dich tun?

Da Du sicherlich nicht willst, dass der Arbeitgeber weiß, dass Du gewerkschaftlich organisiert bist, geben wir Dir auf Wunsch Unterstützung in Form von rechtlicher Beratung, Formulierungshilfen für Schreiben an Deinen Arbeitgeber, Tarifverträge, Gesetzestexten und Kontakten zu Behörden.

Wenn Du mehr Hilfe brauchst, vertreten wir Dich auch gerne direkt gegenüber Deinem Arbeitgeber. Wir schreiben Briefe oder verhandeln gemeinsam mit Dir mit Deinem Chef.

Und wenn das auch nicht hilft:
Notfalls verhelfen wir Dir über die Gerichtsbarkeit zu Deinem Recht. Und das durch alle Instanzen.

Und was kostet Dich das?
Mit 1% vom regelmäßigen Bruttoeinkommen sind alle Kosten in Rechtsstreitigkeiten abgedeckt.
Beispiel: Du hast einen Pauschallohn von 2000 € brutto, eine Qualitätsprämie von 100 € und 200 € Spesen. Für den Beitrag werden nur der Pauschallohn und die Prämie zugrundegelegt. Mit 21 € im Monat kannst Du die folgenden Leistungen erwarten:

- jederzeit rechtliche Beratung,
- Vertretung vor den Gerichten, z.B.
  - bei Ärger mit dem Chef wegen Lohnfragen, Schadensersatzansprüchen, Arbeitszeugnis, Berechnung der Lohnzahlung bei Krankheit und Urlaub, Abmahnungen usw.,
  - bei Ärger mit der Berufsgenossenschaft) z.B. bei Nichtanerkennung von Arbeitsunfällen),
  - bei Ärger mit der Krankenkasse (z.B. wegen falscher Berechnung des Krankengeldes),
  - bei Ärger mit der Rentenversicherung wegen Nichtgewährung von Rehamaßnahmen,
  - bei beruflich verursachten Bußgeldbescheiden oder Strafverfahren nach Prüfung des jeweiligen Einzelfalles.
- Bei Arbeitslosigkeit oder Bezug von Lohnersatzleistungen zahlst Du nur 0,5 % des Arbeitslosengelds und kannst trotzdem noch alle Leistungen von ver.di in Anspruch nehmen, z.B.:
- Klage gegen Sperrzeiten beim Arbeitslosengeld,
- Überprüfung der Höhe des Arbeitslosengelds.

TIPP von uns:
Wenn Du Deinen Arbeitgeber wechselst, solltest Du uns unbedingt in Anspruch nehmen:
- Überprüfung Deines Arbeitszeugnisses des alten Arbeitgebers,
- Begutachtung des Arbeitsvertrages beim neuen Arbeitgeber, bevor Du ihn unterschreibst.

Und vielleicht wissen wir über Deinen neuen Arbeitgeber mehr und können Dir wichtige Hinweise geben.

Jedes Jahr geben wir unseren Fahrerkalender heraus mit wichtigen Tipps und einer Übersicht über die wichtigsten gesetzlichen Grundlagen, die ein Berufskraftfahrer wissen sollte. Eine entsprechende APP für Dein Smartphone ist in Vorbereitung.

Aber ver.di bietet noch mehr:
- Wir beraten kostenlos bei Fragen zum Mietrecht.
- Wir helfen bei Deiner Steuererklärung ohne Zusatzkosten.
- Wir haben ein umfangreiches Bildungsprogramm, an dem Du auf unsere Kosten teilnehmen kannst; für viele kannst Du auch Bildungsurlaub – also bezahlte Freistellung – bei Deinem Arbeitgeber beantragen.

Weitere Leistungen findest Du unter:
https://www.verdi.de/service/mitgliederservice

Wer sich bei Schadensersatzansprüchen seitens des Arbeitgebers Unterstützung sichern will, sollte sich überlegen, zusätzlich Mitglied in der GUV/Fakulta zu werden. Wie wichtig sie für Dich sein kann, erfährst Du hier:
http://www.guv-fakulta.de/unsere-leistungen.html

ver.di

Fragen zur Mitgliedschaft und weitere Informationen unter:
0800 83 73 43 3

Oder auf der Website
www.psl.verdi.de

Mobilität fair gestalten: Beratungsstellen für Beschäftigte aus Mittel- und Osteuropa

Faltblatt für Beschäftigte, die aus dem Ausland kommen und als LKW-Fahrer (zeitweise) in Deutschland arbeiten

Arbeitnehmerinnen und Arbeitnehmer aus anderen Ländern brauchen verständliche Informationen und kompetente Beratung, um sich auf dem deutschen Arbeitsmarkt zurechtzufinden. Das im Oktober 2011 ins Leben gerufene Projekt „Faire Mobilität – Arbeitnehmerfreizügigkeit sozial, gerecht und aktiv" des DGB und weiterer Projektpartner reagiert auf diesen Bedarf. Im Rahmen des Projekts sind sechs Erstberatungsstellen aufgebaut worden, in denen mobile Beschäftigte in ihren Landessprachen arbeitsrechtlich und sozialrechtlich informiert werden. Dabei kooperieren die Beratungsstellen mit vergleichbaren Einrichtungen lokaler Träger und sind Teil eines bundesweit agierenden Netzwerks. Der branchenspezifische Kompetenzschwerpunkt in der Beratungsstelle Stuttgart ist der Bereich Transport und Logistik. Hier findet eine Kooperation mit der Katholischen Betriebsseelsorge der Diözese Rottenburg-Stuttgart statt.

Die Beratungsstellen bieten eine erste arbeits- und sozialrechtliche Beratung für mobile Beschäftigte aller Branchen durch Mitarbeiterinnen und Mitarbeiter, die neben Englisch und Deutsch mindestens eine der Sprachen Mittel- und Osteuropas beherrschen.

fair

Arbeitnehmerfreizügigkeit sozial, gerecht und aktiv

Die Beratungsstelle

- informiert über Rechte auf dem Arbeitsmarkt,
- bietet kostenlose Beratung,
- berät in mehreren Sprachen, falls nötig mit Dolmetscher bzw. Dolmetscherin,
- informiert unabhängig von einer Gewerkschaftsmitgliedschaft,
- arbeitet in Kooperation mit den DGB-Gewerkschaften und der Betriebsseelsorge.

Das Projekt „Faire Mobilität" bietet zudem Fortbildungen für verschiedene Arbeitsmarktakteure an und befördert die Vernetzung mit in- und ausländischen Gewerkschaften und anderen arbeitsmarktrelevanten Einrichtungen.
Die politische Verantwortung für das Projekt „Faire Mobilität" liegt beim DGB-Bundesvorstand.
Das Projekt wird gefördert durch das Bundesministerium für Arbeit und Soziales, den Europäischen Sozialfonds und aus Eigenmitteln des DGB sowie durch weitere Projektpartner.

Standorte im Projekt
Faire Mobilität:
Projektkoordination in Berlin,
Beratungsstellen in Berlin,
Frankfurt am Main, Dortmund,
Kiel, München, Stuttgart, Mainz
und vielen anderen Städten.

DGB

Deutscher Gewerkschaftsbund

Katholische Betriebsseelsorge

Katholische Betriebsseelsorge

Beratungstelefon:
Montag - Freitag
0711 1209 36 35
0711 1209 36 36

Und im Internet auf:
www.faire-mobilitaet.de/beratungsstellen

Fahrverbot an Feiertagen

Feiertag	Wo gilt das Fahrverbot?
Neujahr (1.1.)	bundesweit
Karfreitag	bundesweit
Ostermontag	bundesweit
Tag der Arbeit (1.5.)	bundesweit
Christi Himmelfaht	bundesweit
Pfingstmontag	bundesweit
Fronleichnam	nur in den Bundesländern Baden-Württemberg, Bayern, Hessen, Nordrhein-Westfalen, Rheinland-Pfalz und Saarland
Tag der deutschen Einheit (3.10.)	bundesweit
Reformationstag (31.10.)	Nur in den Bundesländern Brandenburg, Mecklenburg-Vorpommern, Sachsen, Sachsen-Anhalt und Thüringen. Eine Ausnahmegenehmigung bei Fahrten von und nach Berlin finden Sie unter: **www.bag.bund.de**
Allerheiligen (1.11.)	nur in den Bundesländern Baden-Württemberg, Bayern, Nordrhein-Westfalen, Rheinland-Pfalz und Saarland
1. Weihnachtsfeiertag (25.12.)	bundesweit
2. Weihnachtsfeiertag (26.12.)	bundesweit

An den genannten nicht bundeseinheitlichen Feiertagen gilt das Fahrverbot jeweils nur in den genannten Bundesländern. In allen anderen Bundesländern unterliegen Sie nicht dem Feiertagsfahrverbot für Lkw.

An allen hier nicht genannten Feiertagen (Heilige Drei Könige, Mariä Himmelfahrt und Buß- und Bettag) gilt kein Feiertagsfahrverbot in Deutschland.

Weitere Informationen auf **www.bag.bund.de**

Per Du mit der Polizei

Bei den regelmäßigen Fernfahrerstammtischen an Autobahnen können Kraftfahrerinnen und Kraftfahrer zusammen mit Polizeibeamten ungezwungen über Probleme rund um den Verkehr diskutieren.
Dabei werden jeden Monat wechselnde Schwerpunktthemen behandelt. Selbstverständlich ist auch immer Raum für tagesaktuelle Themen.

Fernfahrerstammtische, an denen Fernfahrerseelorger anwesend sein können:

A3, Abf. 76, Autohof Strohofer, Geiselwind
jeden ersten Mittwoch im Monat
ab 19 Uhr. Tel.: 09302 910 110
Autobahnpolizei Biebelried

A4, Rasthof Eisenach
jeden ersten Mittwoch im Monat
ab 18 Uhr. Tel.: 03621 781513
Polizeidirektion Gotha

A6,Autohof Ramstein, AS Landstuhl
jeden ersten Mittwoch ab 18 Uhr.
Tel.: 06373 822 290
Polizeiautobahnstation
Kaiserslautern

A7, SVG - Autohof, Kirchheim
jeden ersten Mittwoch im Monat
ab 18 Uhr. Tel.: 0661 9695610
Polizeipräsidium Osthessen

A 8, Rastanlage Walserberg, FR München (Österreich)
jeden ersten Mittwoch im Monat
19.00 Uhr. Tel.: 08662 6682 101
oder -120
Verkehrspolizeiinspektion
Traunstein

A8, Raststätte Augsburg - Ost
jeden ersten Mittwoch im Monat
ab 19 Uhr. Tel.: 0821 323 2058
oder -2013
Verkehrspolizeiinspektion
Augsburg

A9, Abf. 31 Berg/Bad Steben, Autohof Berg
jeden 1. Mittwoch im Monat
ab 19 Uhr. Tel.: 09281 704 806
Verkehrspolizei Hof

Fernfahrerstammtische im Überblick
www.fernfahrerstammtisch.de

Kontakt
Polizeipräsidium Osthessen
Abteilung Einsatz
Tel.: 0661 105 0
Fax: 0661 105 2009
E-Mail:
info@fernfahrerstammtisch.de

Als „Augen, Ohren und Stimme" Deutschlands werden die Vertretungen auch benannt. Sie vertreten den deutschen Staat, wahren seine Interessen und schützen seine Bürgerinnen und Bürger im Gastland. Sie verhandeln mit der dortigen Regierung und fördern die politischen Beziehungen und die wirtschaftliche, kulturelle und wissenschaftliche Zusammenarbeit. Für alle deutschen Staatsbürger, die als Berufskraftfahrer in diesen Ländern unterwegs sind, können sie wichtige Anlaufstationen sein, wenn man in Not geraten ist, Krisenvorsorge leisten muss oder behördliche Unterstützung braucht.

Belgien/Brüssel
8-14, rue Jacques de Lalaingstraat
1040 Brüssel.
Tel.: (0032) 2 787 18 00
www.bruessel.diplo.de

Bulgarien/Sofia
ul. Frédéric Joliot-Curie 25
BG - 1113 Sofia
Tel.: (00359) 02 918380
www.sofia.diplo.de

Dänemark/Kopenhagen
Stockholmsgade 57
DK - 2100 Kopenhagen
Tel.: (0045) 35 45 99 00
www.kopenhagen.diplo.de

Finnland/Helsinki
Krogiuksentie 4
00340 Helsinki
Tel.: (09) 458 580
www.helsinki.diplo.de

Frankreich/Paris
24 rue Marbeau
75116 Paris
Tel.: (0033) 1 53 83 45 00
www.allemagne.diplo.de

Griechenland/Athen
Karaoli & Dimitriou 3
106 75 Athen - Kolonaki
Tel.: (0030) 210 72 85 111
www.griechenland.diplo.de

Irland/Dublin
31 Trimleston Avenue
Booterstown/ Blackrock
Tel.: (00353) (0)1 269 3011
www.dublin.diplo.de

Italien/Rom
Via S. Martino della Battaglia, 4
00185 Roma, Italien
Tel.: (0039) 06 49213 208
www.italien.diplo.de

Kroatien/Zagreb
Ulica grada Vukovara 64
10000 Zagreb
Tel.: (00385) 1 6300 100
www.zagreb.diplo.de

Lettland/Riga
Raiņa bulv. 13
Riga, LV-1050
Tel.: (00371) 67085100
www.riga.diplo.de

Litauen/Wilna
Z. Sierakausko g. 24
LT - 03105 Vilnius
Tel.: (00370) 5 210 64 00
www.wilna.diplo.de

Luxemburg
20-22, Avenue Emile Reuter
L-2420 Luxemburg
Tel.: (0352) 45 34 45 1
www.luxemburg.diplo.de

Deutsche Botschaften in Europa – Adressen

Malta/Valletta
„Il-Pjazzetta", Entrance B,
1st Floor,
Tower Road, Sliema SLM
1605
Tel.: (00356) 2260 4000
www.valletta.diplo.de

Niederlande/Den Haag
Groot Hertoginnelaan
18-20
2517 EG Den Haag
Tel.: (0031) 70 342 06 00
www.niederlande.diplo.de

Österreich/Wien
Gauermanngasse 2-4
1030 Wien
Tel.: (00431) 711 54 0
www.wien.diplo.de

Polen/Warschau
ul. Jazdów 12
00-467 Warszawa
Tel.: (0048) 22 58 41 700
www.polen.diplo.de

Portugal/Lissabon
Campo dos Mártires da
Pátria, 38
1169-043 Lisboa/ Portugal
Tel.:(00351) 21 881 0210
www.lissabon.diplo.de

Rumänien/Bukarest
Str. Cpt. Av. Gheorghe
Demetriade 6-8
011849 Bukarest
Tel.: (0040) 21 202 98 30
www.bukarest.diplo.de

Schweden/Stockholm
Skarpögatan 9
115 27 Stockholm
Tel.: (0046) 8 670 15 00
www.stockholm.diplo.de

Schweiz und Liechtenstein/Bern
Willadingweg 83
3006 Bern
Tel.: (0041) 31 359 41 11
www.bern.diplo.de

Slowakei/Bratislava
Hviezdoslavovo nám. 10
813 03 Bratislava
Tel.: (00421) 59204400
www.pressburg.diplo.de

Slowenien/Laibach
Prešernova cesta 27
1000 Ljubljana
Tel.: (00386)1 479 03 00
www.laibach.diplo.de

Spanien/Madrid
C/ Fortuny, 8
28010 Madrid
Tel.: (0034) 91 557 90 00
www.spanien.diplo.de

Tschechische Republik/Prag
Vlašská 19, 118 01 Praha 1
(Malá Strana)
Tel: (0042) 257 113 111
www.prag.diplo.de

Ungarn/Budapest
Úri utca 64-66, 1014 Budapest
Tel.: (0036) 1 488 3500
www.budapest.diplo.de

Vereinigtes Königreich/London
23 Belgrave Square/
Chesham Place
London SW1X 8PZ
Tel.: (0044) 20 7824 1300
www.uk.diplo.de

Zypern/Nikosia
10, Nikitaras Street
1080 Nicosia, Cyprus
Tel.: (00357) 22451145
www.nikosia.diplo.de

Türkei/Ankara
Atatürk Bulvarı 114
06690 Kavaklıdere Ankara
Tel.: (0090) 312 4555 100
www.tuerkei.diplo.de

Rast für Leib und Seele

Autobahnkirchen laden zu Entspannung, Besinnung und Andacht ein. Reisende können wieder zu sich finden – Sinne und Seele Ruhe tanken. Wer in Autobahnkirchen Rast gemacht hat, der fährt danach gelassener, rücksichtsvoller und sicherer. Der Besuch einer Autobahnkirche ist damit auch ein Beitrag zur Verkehrssicherheit. Deshalb denken Sie bitte auf Ihrer nächsten Reise daran: Deutschlands Autobahnkirchen laden Sie herzlich ein!

Ob zu Fuß, mit Pferd und Wagen oder mit dem Auto – seit der Mensch lebt, ist er „unterwegs". Die Geschichte der mobilen Gesellschaft führt bis ins Alte Testament zurück. Bereits im Buch Genesis 12,1 werden in der Berufung Abrahams und dem damit verbundenen Auftrag, sein Land zu verlassen, und dem Auszug der Israeliten aus der Knechtschaft der Ägypter erste Hinweise der Mobilität gegeben.

Bis heute hat sich die Mobilität der Menschen in nahezu allen Lebensbereichen rasant entwickelt. Die Industrialisierung steigerte die Mobilität der Menschen dabei um ein Vielfaches. Nach dem Zweiten Weltkrieg und im Verlauf der Wiederaufbauphase in den 1950er-Jahren kam es zu einem tiefgreifenden Strukturwandel, verbunden mit einer bisher nicht gekannten individuellen und beruflichen Mobilität.

Grundlage und Bedingung hierfür waren Verkehrswege, die schnelle und reibungslose Überwindung immer größerer Entfernungen ermöglichten. Seit 1990 ist das Autobahnnetz um 23% auf rund 13000 km gewachsen, der Bestand an Kraftfahrzeugen um 53%. Der Lkw-Bestand hat sich auf 2,8 Millionen verdoppelt. In Zeiten der stetig wachsenden Verkehrsbelastungen befinden sich Fahrerin und Fahrer in einer extrem spannungsreichen Situation. Der teilweise hohe Geräuschpegel im Auto, die Flut visueller Eindrücke, der Zwang, sich ununterbrochen zu konzentrieren, sowie eine sehr geringe Bewegungsfreiheit sind wesentliche Faktoren physischer und psychischer Belastung. Diese Belastungen machen Ruhepunkte am Rande der Fahrbahn immer notwendiger.

Bereits im Mittelalter wurden dem Wanderer, Pilger und Reisenden Andachtsmöglichkeiten in Form von Kapellen und Kreuzen am Wegesrand angeboten. Sie sollten einerseits als Orte des Schutzgebets dienen, andererseits den

Bundesweit engagiert sich die Akademie der Versicherer im Raum der Kirchen für die Arbeit der Autobahnkirchen. Sie gibt das jeweils aktuelle Verzeichnis der Autobahnkirchen heraus, betreibt die Homepage **www.autobahnkirche.de**, lädt zur Konferenz der Autobahnkirchen in Deutschland ein und ist Herausgeber von kostenlosen Verteilmaterialien.

Versicherer im Raum der Kirchen
Die Akademie
Eine Einrichtung der Bruderhilfe · Pax · Familienfürsorge

Menschen mahnen, sich (wieder) auf Gott zu besinnen. Eine den veränderten gesellschaftlichen Lebensräumen angepasste Form der traditionellen Wegekapellen und -kreuze sind Autobahnkirchen und -kapellen. Sie laden auch Menschen ein, die den oben genannten physischen und psychischen Belastungen ausgesetzt sind. So können und wollen Autobahnkirchen und -kapellen als Gegenpol zu unserer schnelllebigen und unverbindlichen Zeit Orte sein, an denen Menschen auf der Suche nach Begegnung mit Gott oder sich selbst Ruhe und Besinnung finden.

Autobahnkirchen stehen entweder an Autobahnraststätten, an Autohöfen oder in unmittelbarer Nähe einer Autobahnabfahrt. Sie sind tagsüber mindestens von 8 bis 20 Uhr geöffnet, manche von ihnen rund um die Uhr.
Rund eine Million Menschen besuchen jedes Jahr eine Autobahnkirche. Die Besucher schätzen in Autobahnkirchen vor allem die Ruhe und Anonymität. Dass überwiegend kein Seelsorger anwesend ist, stört nicht. Viele Besucher nutzen das „Anliegenbuch", um ihre Gedanken festzuhalten, viele zünden eine Kerze an und geben eine Spende.

Informationen zu den Autobahnkirchen:
www.autobahnkirche.de

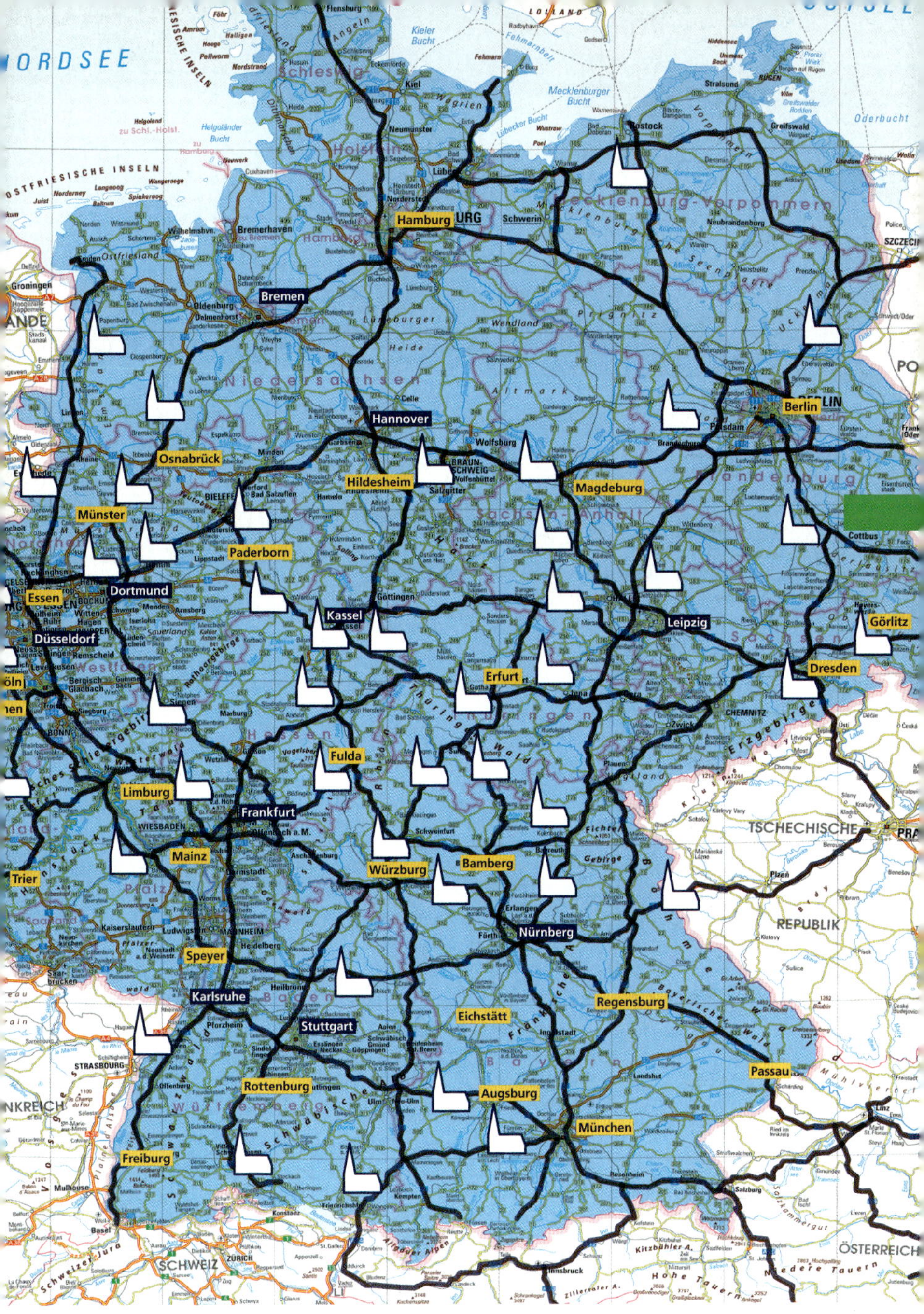
NORDSEE
OSTFRIESISCHE INSELN
Hamburg
Bremen
Schwerin
Berlin
Hannover
Osnabrück
Hildesheim
Magdeburg
Münster
Paderborn
Dortmund
Essen
Düsseldorf
Kassel
Leipzig
Görlitz
Dresden
Erfurt
Fulda
Limburg
Frankfurt
Mainz
Trier
Würzburg
Bamberg
Nürnberg
Speyer
Karlsruhe
Stuttgart
Eichstätt
Regensburg
Passau
Rottenburg
Augsburg
München
Freiburg
TSCHECHISCHE
REPUBLIK
ÖSTERREICH
SCHWEIZ

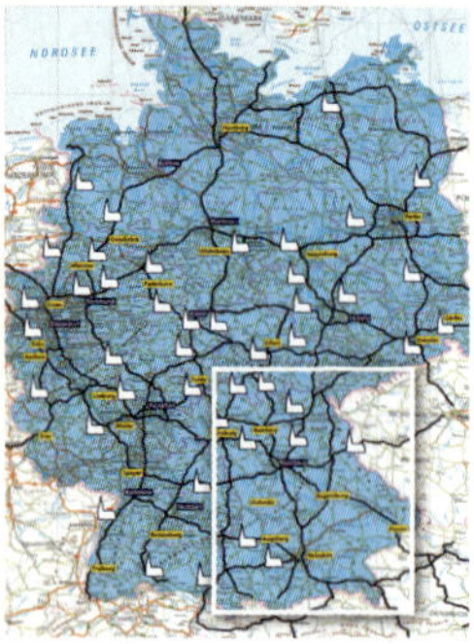

Nr	Name & Anfahrt	Kontakt	Bemerkungen
1	Ökumenische Autobahnkirche an der A71 Erfurt-Schweinfurt am Rastplatz Thüringer Tor	Pfarrer Gerhard Richter Tel.: 036944 54294, ELKG-Bibra@gmx.de www.autobahnkirche-a71.de	
2	Evangelische Autobahnkirche St. Kilian an der A73 Coburg-Suhl, Ausfahrt (4) Schleusingen	Evangelisches Pfarramt St. Kilian Tel.: 036841 48106, pfarramt@stkiliankirche.de www.stkiliankirche.de	nur Pkw
3	Autobahnkapelle Gramschatzer Wald an der A7 Würzburg-Fulda, Ausfahrt (100) Gramschatzer Wald	Elfriede Leitner 24 - RE Real Estate GmbH Tel.: 0941 3070824, leitner@24-autohof.de	
4	Katholische Autobahnkirche St. Christophorus Himmelkron, an der A9 München-Berlin, Ausfahrt (39) Bad Berneck	Katholisches Pfarramt Tel.: 09227 902030, stiftung-autobahnkirche@t-online.de www.autobahnkirche-himmelkron.de	
5	Ökumenische Autobahnkirche Geiselwind an der A3 Nürnberg-Würzburg, Ausfahrt (76) Geiselwind, Autohof	Autobahnkirche Licht auf unserem Weg am Eventzentrum Strohofer Tel.: 09556 18651, info@autobahnkirche-geiselwind.de www.autobahnkirche-geiselwind.de	
6	Katholische Autobahnkirche St. Thomas von Aquin an der A9 München-Berlin, Ausfahrt (43) Trockau	Pfarrer Josef Hell Tel.: 09246 264, st-thomas.trockau@erzbistum-bamberg.de www.autobahnkirche-trockau.de	
7	Ökumenische Autobahnkirche Waidhaus an der A6 Nürnberg-Prag, Ausfahrt (76) Waidhaus	Pfarrer Georg Hartl Tel.: 09652 222, kontakt@pfarrei-waidhaus.de www.autobahnkirche-waidhaus.de	nur Pkw
8	Katholische Autobahnkirche „Maria, Schutz der Reisenden" A8 München-Stuttgart, Ausfahrt (71) Adelsried	P. Dr. Wolfram Hoyer OP Tel.: 0821 329050 (vormittags), info@autobahnkirche.de www.autobahnkirche.org	
9	Katholische Autobahn- und Pfarrkirche „Maria am Wege" an der A96 München-Landsberg, Ausfahrt (28) Windach bzw. (27) Schöffelding	Katholisches Pfarramt „Maria am Wege" Tel.: 08193 5438, markus.willig@bistum-augsburg.de	

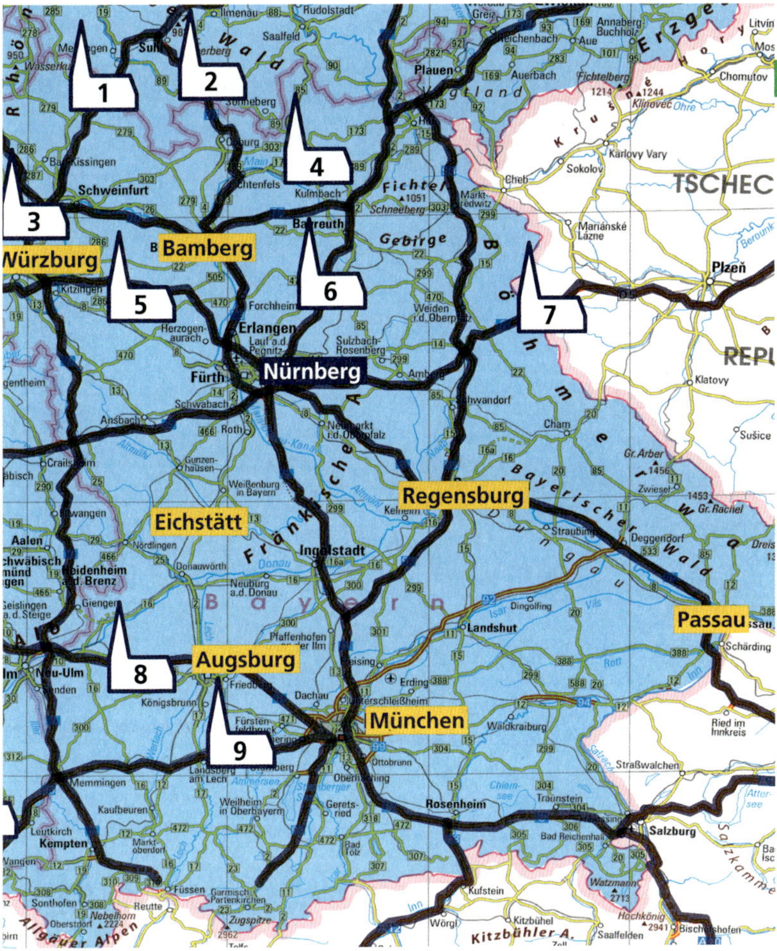

1
2
3
4
5
6
7
8
9
Würzburg
Bamberg
Nürnberg
Regensburg
Eichstätt
Passau
Augsburg
München
Schweinfurt
Bayreuth
Erlangen
Fürth
Ingolstadt
Landshut
Rosenheim
Salzburg
Plzeň
Karlovy Vary
TSCHEC
REPU

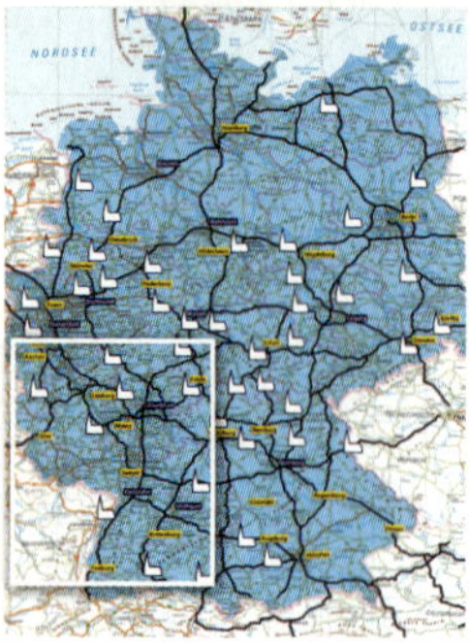

Nr	Name & Anfahrt	Kontakt	Bemerkungen
1	Ökumenische Autobahnkirche Siegerland an der A45 Dortmund-Gießen, Ausfahrt (23) Wilnsdorf	Ute Pohl Tel.: 02736 6716, autobahnkirche-siegerland@gmx.de www.autobahnkirche-siegerland.de	
2	Ökumenische SVG-Autohofkapelle Kirchheim/ Hessen, an der A7 Frankfurt/Würzburg-Kassel und A4 Kirchheim-Erfurt, Ausfahrt (87) Kirchheim	Evangelische Kirchengemeinde Kirchheim Tel.: 06625 3382	
3	Ökumenische Autobahnkirche St. Paul an der A1 Koblenz-Saarbrücken, Ausfahrt (125) Wittlich-Mitte	Wolfram Viertelhaus Tel.: 06571 4424, wviertelhaus@gmx.de www.autobahnkirche-stpaul.de	
4	Evangelische Autobahnkirche Medenbach an der A3 Köln-Frankfurt, Tank- und Rastanlage Medenbach-West	Evangelische Kirchengemeinde Medenbach Tel.: 06122 13110, info@autobahnkirche-medenbach.de www.autobahnkirche-medenbach.de	
5	Ökumenische SVG-Autohofkapelle Schlüchtern an der A66 Frankfurt-Fulda, Ausfahrt (49) Schlüchtern Nord	Pfarrer Truß Tel.: 06661 964916	
6	Evangelische Autobahnkirche Waldlaubersheim an der A61 Koblenz-Bingen, Ausfahrt (47) Waldlaubersheim	Evangelische Kirchengemeinde Stromberg Tel.: 06724 504, stromberg@ekir.de	nur Pkw
7	Ökumenische Autobahnkapelle Christophorus an der A6 Heilbronn-Nürnberg, Parkplatz Kochertalbrücke, Südseite	Christusträger-Schwestern Tel. 07906 8671, abk-christophorus@christustraeger-schwestern.de www.christustraeger-schwestern.de	
8	Katholische Autobahnkirche St. Christophorus an der A5 Karlsruhe-Offenburg, Rasthof Baden-Baden	Pastoralreferent Norbert Kasper Tel.: 07221 9968749 autobahnkirche-baden-baden@t-online.de www.autobahnkirche-baden-baden.info	
9	Ökumenische Emmauskapelle an der A81 Stuttgart-Singen, Ausfahrt (39)Tank- und Rastanlage (Hegau-West)	Matthias Zimmermann Tel.: 07733 94080, dekanzimmermann@dekanathegau.de www.autobahnkapelle-hegau.de	
10	Autobahnkapelle Leutkirch „Galluskapelle" an der A96 Memmingen-Lindau, Ausfahrt (8) Rastplatz Winterberg	Bürgermeister a.D. Georg Zimmer Tel.: 07561 71187 zimmer.leutkirch@web.de	

Autobahnkirchen in Deutschland

Südwesten

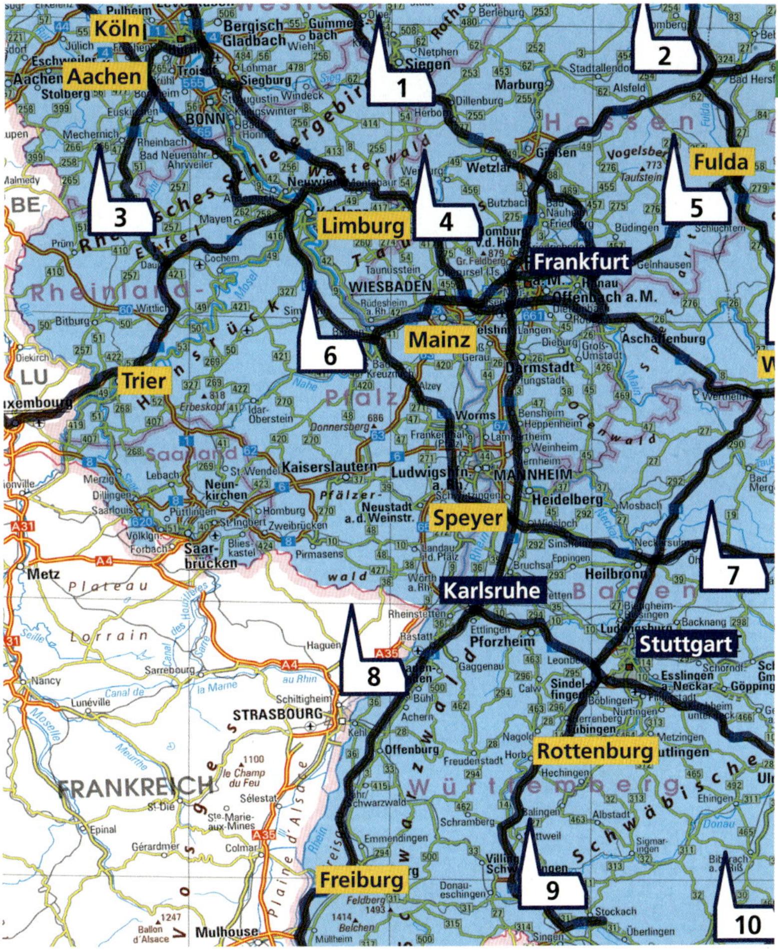

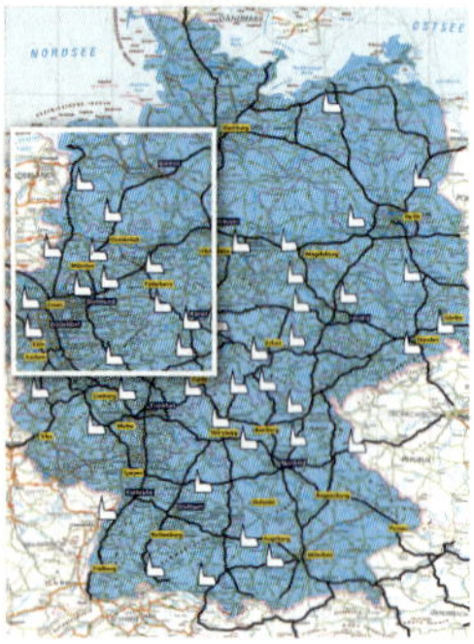

Nr	Name & Anfahrt	Kontakt	Bemerkungen
1	Ökumenische Autobahnkapelle „Jesus – Brot des Lebens" an der A31 Emden-Bottrop, auf dem Rastplatz „Heseper Moor"	Pastor Thorsten Jacobs Tel.: 05937 98760, KG.Dalum@web.de www.autobahnkapelle.info	
2	Ökumenische Autobahnkapelle Dammer Berge an der A1 Bremen-Osnabrück, Rasthaus Dammer Berge	Katholische Kirchengemeinde St. Viktor, Tel.: 05491 9089081 info@st-viktor-damme.de, www.st-viktor-damme.de/wir-sind-fuer-sie-da/kirchen-und-kapellen/autobahnkapelle	
3	Autobahnkapelle St. Antonius an der A31 Bottrop-Emden, Ausfahrt (33) Gescher/Coesfeld	Katholische Kirchengemeinden St. Pankratius u. St. Marien Tel.: 02542 878960, www.kath-gescher.de stpankratiusustmarien-gescher@bistum-muenster.de	
4	Ökumenische Autobahnkapelle Roxel an der A1 Münster-Osnabrück, Raststätte Münsterland	Katholische Pfarrgemeinde St. Pantaleon Tel.: 02534 587910, stpantaleon-roxel@bistum-muenster.de	
5	Evangelische Autobahnkirche Exter an der A2 Dortmund-Hannover, Ausfahrt (31) Vlotho-West	Pastor Ralf Steiner Tel.: 05228 960181, steiner@kircheexter.de www.kirche-exter.de	nur Pkw
6	Ökumenische Autobahnkapelle Hamm an der A2 Hannover-Dortmund zwischen Ausfahrt (19) Hamm-Uentrop und (18) Hamm-Rhynern	Evangelischer Kirchenkreis Hamm Tel.: 02381 142152 lkusch@kirchenkreis-hamm.de	
7	Evangelische Autobahnkirche RUHR an der A40 Dortmund-Essen, Ausfahrt (33) Bochum-Hamme	Evangelisch-lutherische Epiphanias-Gemeinde Tel.: 0234 57376 epiphanias.bochum@selk.de	
8	Ökumenische Autobahnkapelle Geismühle an der A57 Nijmegen-Köln, Raststätte Geismühle	Evangelischer Gemeindeverband Krefeld Tel.: 02151 769010, becker@ev-kirche-krefeld-viersen.de	
9	Ökumenische SVG-Autohofkapelle an der A4 Kassel-Dortmund, Ausfahrt (64) Diemelstadt	Evangelisches Pfarramt Rhoden Tel.: 05694 237, pfarramt.rhoden@ekkw.de www.rhoden-waldeck.de	
10	Ökumenische SVG-Autohofkapelle Lohfelden „Licht auf dem Weg" an der A7/A49 Kreuz Kassel-Mitte, Ausfahrt (79) an der A7 und (2) an der A49	Willi Stiel 0561 4002922, willi.stiel@yahoo.de www.autobahnkapelle-kassel.de	
11	Katholische Autobahnkapelle St. Raphael, an der A57-Köln-Neuss auf der Raststätte Nievenheim	Pfarrer Klaus Koltermann Tel.: 02133 70087, st-gabriel@dormagen-nord.de www.st-gabriel-delrath.de	

Autobahnkirchen in Deutschland

Nordwesten

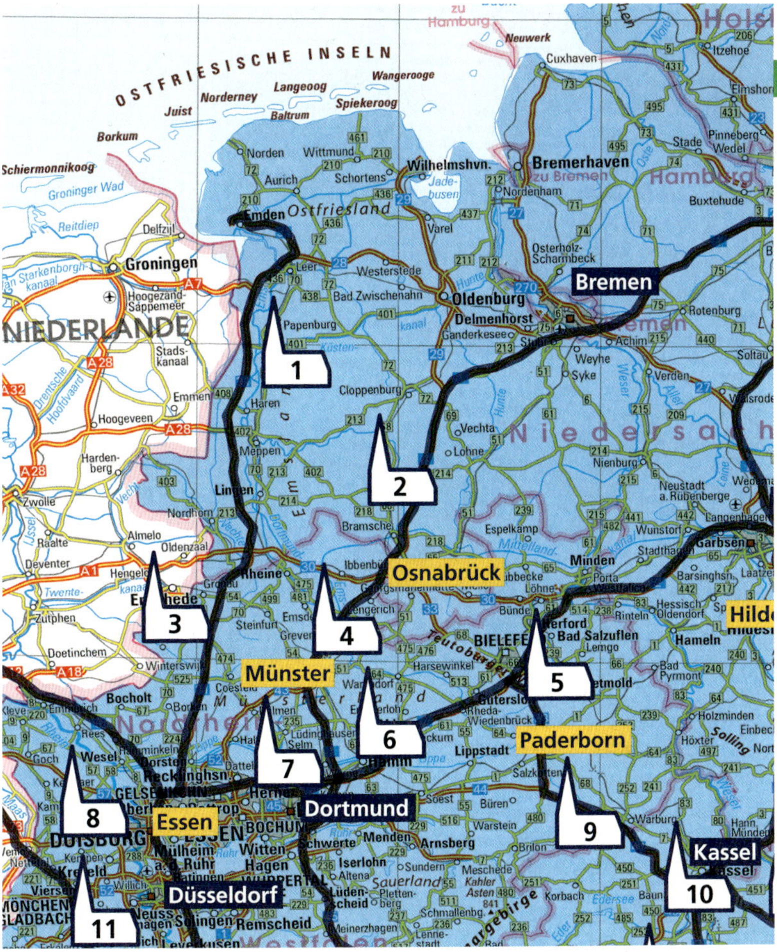

Die Fürbittbücher der Hegau-Kapelle

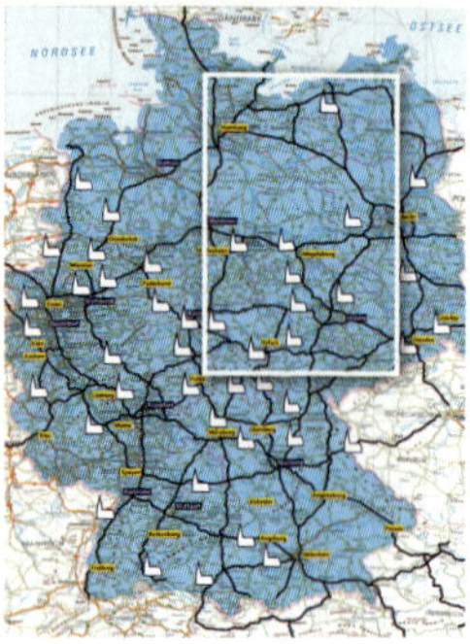

Nr	Name & Anfahrt	Kontakt	Bemerkungen
1	Evangelische Autobahn- und Gemeindekirche Kavelstorf an der A19 Rostock-Berlin, Ausfahrt (10) Kavelstorf	Evangelisch Lutherische Kirchengemeinde Tel.: 038208 242, kavelstorf@kirchenkreis-rostock.de www.autobahnkirche-kavelstorf.de	nur Pkw
2	Evangelische Autobahnkirche Zeestow, an der A10 Berlin (Spandau)-Brieselang, Ausfahrt (27) Brieselang/Zeestow	Pfarrer Dr. Bernhard Schmidt Tel.: 03322 127341, kirchenkreis.falkensee@t-online.de www.autobahnkirche-zeestow.de	
3	Evangelische Nikolaikirche und katholische St. Marienkirche an der A7 Hannover-Kassel, Ausfahrt (63), und A39 Braunschweig-Salzgitter, Ausfahrt (22)	Evangelisch-lutherische Kirchengemeinde Grasdorf Tel.: 05062 1810, www.kirchenregion-holle.de Katholische Kirchengemeinde St. Hubertus Tel.: 05062 / 963674, www.wohldenberg.de	
4	Evangelische Autobahnkirche St. Benedikt, an der A2 Hannover-Berlin, Ausfahrt (67) Irxleben/Hohenwarsleben	Evangelisches Pfarramt Tel.: 039204 863261, pfarramt-niederndodeleben@gmx.de www.sankt-benedikt.de	nur Pkw
5	Evangelische Autobahn- und Gemeindekirche St. Petri, an der A14 Magdeburg-Leipzig, Ausfahrt (8) Calbe	Jürgen Kohtz Tel.: 039291 2970, kirchspiel-brumby@web.de www.kirchenkreis-egeln.de	nur Pkw
6	Evangelische Autobahnkirche Brehna an der A9 München-Berlin, Ausfahrt (13) Halle	Bernd Löchel Tel.: 034954 48209, kirche@brehna.net www.autobahnkirche-brehna.de	
7	Evangelische Autobahn- und Gemeindekirche St. Pancratius, A38 Göttingen-Leipzig, Ausfahrt (19) Lutherstadt Eisleben	Pfarrer Wolfgang Stengel Tel.: 034776 20374, ev.kirche.osterhausen@t-online.de www.autobahnkirche-rothenschirmbach.de	
8	Ökumenische SVG-Autohofkapelle Hessisch Lichtenau an der A44 Kassel-Eisenach, SVG-Autohof Werra-Meißner Rast	SVG-Autohof Werra-Meißner Rast Tel.: 05602 917190	
9	Evangelische Autobahn- und Gemeindekirche Gelmeroda an der A4 Eisenach-Dresden, Ausfahrt (49) Weimar	Pfarrer Joachim Neubert Tel.: 03643 909038 evangpfarramtbuchfart@t-online.de	nur Pkw
10	Ökumenische SVG-Autohofkapelle Schwabhausen an der A4 Eisenach-Dresden, Ausfahrt (42) Gotha	SVG-Autohof Thüringer Tor Süd Tel.: 036256 20130 www.autohof-gotha.de	

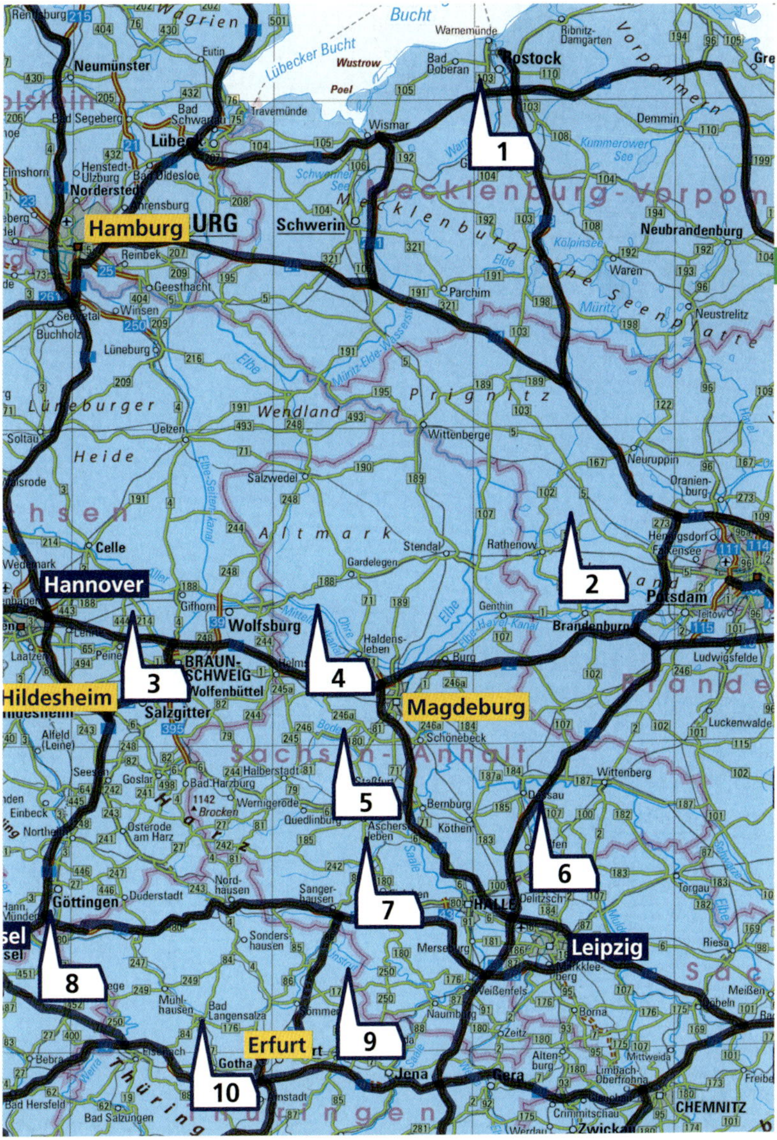

1
2
3
4
5
6
7
8
9
10
Rostock
Wismar
Schwerin
Lübeck
Hamburg
Neumünster
Norderstedt
Lüneburg
Celle
Hannover
Hildesheim
Salzgitter
BRAUN-
SCHWEIG
Wolfenbüttel
Wolfsburg
Gifhorn
Magdeburg
Stendal
Brandenburg
Potsdam
Neubrandenburg
Neuruppin
Wittenberge
Salzwedel
Uelzen
Göttingen
Halle
Leipzig
Erfurt
Gotha
Jena
Gera
Zwickau
CHEMNITZ
Dessau
Wittenberg
Köthen
Bernburg
Halberstadt
Wernigerode
Quedlinburg
Eisenach
Naumburg
Weißenfels
Merseburg
Mecklenburg-Vorpommern
Sachsen-Anhalt
Lüneburger Heide
Altmark
Prignitz
Wendland
Harz
Lübecker Bucht

Danke für die Kraft und das Licht Gottes, in unseren Herzen, der Friede sei mit uns.
fi. Mia. 27.06.16

DANKE für alle Behütung und Bewahrung bis hier und heute! R+K 27.06.16

Aus dem Fürbittbuch einer Autobahnkirche

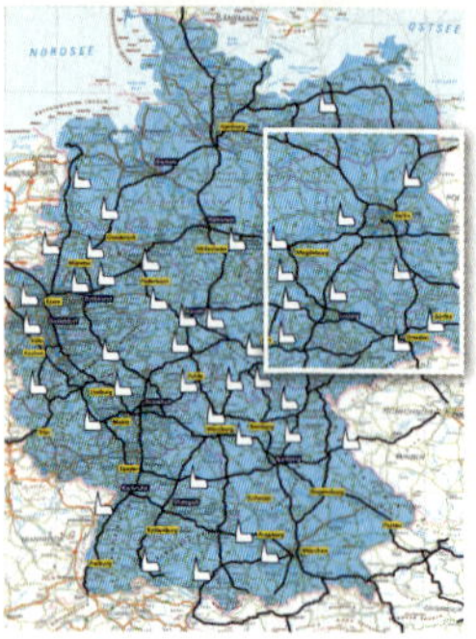

Nr	Name & Anfahrt	Kontakt	Bemerkungen
1	Evangelische Autobahn- und Gemeindekirche Werbellin an der A11 Berlin-Stettin, Ausfahrt (11) Werbellin	Evangelische Kirchengemeinde Tel.: 03335 684 schorfheidekirchen@web.de	nur Pkw
2	Evangelische Autobahn- und Gemeindekirche Duben an der A13 Berlin-Dresden, Ausfahrt (8) Duben	Pfarrer i. R. Hans-Joachim Walzer Tel.: 035456 224 hans-joachim.walzer@t-online.de	nur Pkw
3	Evangelisch-lutherische Autobahn- und Gemeindekirche Peter und Paul Uhyst an der A4 Dresden-Görlitz, Ausfahrt (88a) Uhyst am Taucher	Evangelisch-lutherisches Pfarramt Tel.: 035953 8310 www.autobahnkirche-uhyst.de	
4	Ökumenische Autobahnkirche Jakobikirche an der A4 Erfurt-Dresden, Ausfahrt (77a) Wilsdruff	Stiftung Leben und Arbeit Tel.: 035204 399090	
5	Evangelische Autobahnkirche Zeestow, an der A10 Berlin (Spandau)-Brieselang, Ausfahrt (27) Brieselang/Zeestow	Pfarrer Dr. Bernhard Schmidt Tel.: 03322 127341, kirchenkreis.falkensee@t-online.de www.autobahnkirche-zeestow.de	
6	Evangelische Autobahnkirche St. Benedikt, an der A2 Hannover-Berlin, Ausfahrt (67) Irxleben/Hohenwarsleben	Evangelisches Pfarramt Tel.: 039204 863261, pfarramt-niederndodeleben@gmx.de www.sankt-benedikt.de	nur Pkw
7	Evangelische Autobahn- und Gemeindekirche St. Petri, an der A14 Magdeburg-Leipzig, Ausfahrt (8) Calbe	Jürgen Kohtz Tel.: 039291 2970, kirchspiel-brumby@web.de www.kirchenkreis-egeln.de	nur Pkw
8	Evangelische Autobahnkirche Brehna an der A9 München-Berlin, Ausfahrt (13) Halle	Bernd Löchel Tel.: 034954 48209, kirche@brehna.net www.autobahnkirche-brehna.de	
9	Evangelische Autobahn- und Gemeindekirche St. Pancratius, A38 Göttingen-Leipzig, Ausfahrt (19) Lutherstadt Eisleben	Pfarrer Wolfgang Stengel Tel.: 034776 20374, ev.kirche.osterhausen@t-online.de www.autobahnkirche-rothenschirmbach.de	
10	Evangelische Autobahn- und Gemeindekirche Gelmeroda an der A4 Eisenach-Dresden, Ausfahrt (49) Weimar	Pfarrer Joachim Neubert Tel.: 03643 909038 evangpfarramtbuchfart@t-online.de	nur Pkw

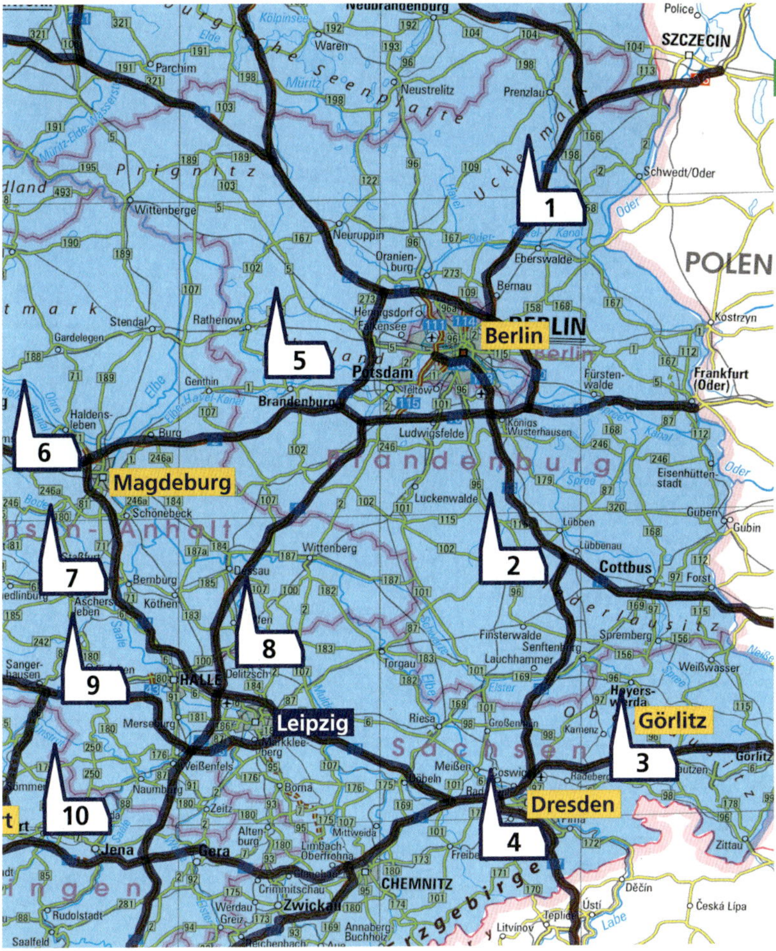

1
2
3
4
5
6
7
8
9
10
Berlin
Magdeburg
Leipzig
Görlitz
Dresden
POLEN
SZCZECIN
Schwedt/Oder
Frankfurt (Oder)
Potsdam
Brandenburg
Cottbus
HALLE
CHEMNITZ
Jena
Gera
Zwickau
Neuruppin
Eberswalde
Prenzlau
Neustrelitz
Waren
Parchim
Wittenberge
Stendal
Wittenberg
Dessau
Eisenhüttenstadt
Hoyerswerda
Meißen

Kirche für Fernfahrer

www.ontour-online.de

Wir sind Gesprächspartner,

- die Zeit haben und zuhören,
- die Deine Ängste und Sorgen als Fahrer ernst nehmen,
- die Dich in Notlagen unterstützen,
- mit denen Du Deine Erlebnisse und Erfahrungen teilen kannst,
- die sich für Dich und Deine Situation bei der Arbeit interessieren,
- die sich mit Dir für gute Arbeitsbedingungen auf der Straße einsetzen,
- die Deine Interessen in Öffentlichkeit und Gesellschaft zur Sprache bringen,
- die sich als katholische Christen, Diakone und Pastoralreferenten für Dich engagieren.

Telefonischer Kontakt

Augsburg
Tel.: 0821 31 66 35 25

Bamberg
Tel.: 0951 9 16 91 51

Freiburg
Tel.: 0761 5 14 42 20

Heilbronn
Tel.: 07131 89 80 91 07

Mainz
Tel.: 06131 25 38 64

München
Tel.: 08121 22 30 81

Rastatt
Tel.: 0722 29 31 97 80

Impressum

OnTour

Arbeitsgemeinschaft Fernfahrerseelsorge
Josef Krebs (Sprecher)
Bahnhofstraße 13
74072 Heilbronn

ISBN 978-3-934450-67-7

Redaktion: Hans Gilg (Bistum Augsburg),
Norbert Jungkunz (Erzbistum Bamberg),
Josef Krebs (Diözese Rottenburg-Stuttgart),
Hans-Georg Orthlauf-Blooß (Bistum Mainz),
Bernhard Renz (Erzdiözese Freiburg),
Karl-Heinz Teepe (Erzdiözese Freiburg)

Buch
Koordination: Hans-Georg Orthlauf-Blooß (Mainz)
Lektorat: Michael Bauer (Mainz)
Layout: P.O.P. Werbeagentur GmbH (Idar-Oberstein)
Druck: PRINZ-DRUCK, Print Media GmbH & Co KG
Felsenmühlstraße 15, 55743 Idar-Oberstein

Hörbuch
Koordination: Norbert Jungkunz (Bamberg)
Musikalische Untermalung/Interpreten/CD:

- Ceolan; von der CD ten Years ain't enough;
  Spice records LC 01961
  Ceolan von der CD …working hard fort the craic;
  Spice records LC 01961
  www.ceolan.com
- Christopher Jones; Winfried Späth; instrumental;
  Orginalaufnahmen
- Johannes Matthias Roth von der CD Dir nahe
  sein; Artists&Acts LC 11135,
  www.johannes-music.com
- Sirba von der CD Sirba / Strast,
  www.sirba-musik.de

Mastering-Tonstudio: Stefan Hoffmann (Bamberg)
Sprecher/in: Uwe Beck (Mainz), Andrea Emmel (Mainz), Hans Gilg (Augsburg), Stefan Hoffmann (Bamberg), Hans-Georg Orthlauf-Blooß (Mainz)
Herstellung: Masters Home – Das Presswerk, Eichenau

Website
Redaktion und Umsetzung: Hans-Georg Orthlauf-Blooß (Mainz)

Gesamtrealisierung: P.O.P. Werbeagentur GmbH (Idar-Oberstein)

Danksagung
Ein besonderer Dank gilt Thomas Klumb von der Abteilung Öffentlichkeitsarbeit im Bistum Mainz, Stefan Hoffmann vom Referat Information und Kommunikation im Erzbistum Bamberg und Andrea Emmel von der Katholischen Rundfunkarbeit im Bistum Mainz für die Unterstützung und Förderung des Projekts.
Wir bedanken uns bei Thomas Schickentanz und Patrick Bugner von der Werbeagentur P.O.P für ihren Ideenreichtum, bei den Fotografen Berthold Barth und Werner Feldmann für die engagierte Fotoproduktion, Anneliese Hecht vom Katholischen Bibelwerk für ihre Textvorschläge, Dr. Barbara Nichtweiß für die Tipps zur Rechtebeschaffung und Michael Bauer für seine geduldige redaktionelle Bearbeitung sowie allen Autorinnen, Autoren und Musikern.

Textquellenverzeichnis

Delbrêl, Madeleine: Deine Augen in unseren Augen: Die Mystik der Leute von der Straße. Ein Lesebuch. München (Verlag Neue Stadt) 2014.

Die Bibel. Einheitsübersetzung der Heiligen Schrift. Stuttgart (Katholische Bibelanstalt) 1980.

Gutl, Martin: In vielen Herzen verankert: Ausgewählte Texte. Wien (Styria Verlag) 2014.

Juhre, Arnim: Wir stehn auf dünner Erdenhaut. Psalmen und Gedichte. Hannover (Lutherisches Verlagshaus) 1979.

Miyaschina, Toki: Psalm 23 für vielbeschäftigte Menschen. In: Franz Haidinger: In IHM sein. Gebetsheft. Ebensee (Österreich) 2009.

Pötzsch, Arno: Im Licht der Ewigkeit: Geistliche Lieder und Gedichte – Gesamtausgabe. 2. Auflage, Leinfelden-Echterdingen (Verlag Junge Gemeinde) 2008.

Saint-Exupéry, Antoine de: Die Stadt in der Wüste. Neuausgabe, Düsseldorf (Karl Rauch Verlag) 2009.
Walter, Silja: Gesamtausgabe, Band 9 Spiritualität I. Fribourg/Schweiz (Paulusverlag) 2004.

Bildquellennachweise

Adobe-Stock S. 177

Berufsgenossenschaft Verkehr (Hamburg) S. 170, 171

Bistum Mainz (Fotografen Berthold Barth, Werner Feldmann) S. 1, 2, 5, 6, 7, 11, 14, 17, 18, 19, 22, 24, 26, 27, 28, 29, 38, 39, 40, 41, 42, 48, 49, 50-51, 53, 58, 60-61, 63, 65, 66, 68-69, 74, 83, 153, 156-157, 164, 165, 167, 173, 174, 175, 176, 178, 179, 181, 204

Erzbischöfliches Ordinariat München (Fotograf: Klaus D. Wolf) S. 4

Fotolia S. 20, 21, 25, 56, 57, 125, 163

Sigurd Holler (Mainz) S. 173 (rechts)

Nadine Kühner (Heilbronn) S. 12

Josef Krebs (Heilbronn) S. 54

Tom Limmer (Hasenberg) S. 169

Hans-Georg Orthlauf-Blooß (Mainz) S. 10, 30, 31, 162, 192

Bernhard Renz (Rastatt) S. 8, 9, 10, 36, 45, 46, 47, 72, 73, 188, 190

Joachim E. Rötgers (Stuttgart) S. 44

Helmut Roos S. 29

Karl-Heinz Teepe (Freiburg) S. 194, 196, 198, 200

Telefonseelsorge (Mainz-Wiesbaden) (Fotograf: M. Gloger) S. 158, 159

Astrid Utzig (Mainz) S. 32, 35

CD – Hörbuch – OnTour – für unterwegs

1. **On Tour – Der Beginn**
   gesprochen von Hans Gilg und Hans-Georg Orthlauf-Blooß
   music: Along the road; Ceolan;
   von der CD ten Years ain't enough

2. **Wage zu leben**
   gesprochen von Stefan Hoffmann
   (S.27 von Udo Hahn)

3. **Du bist mehr wert**
   gesprochen von Stefan Hoffmann
   (S.11-12 von Hans Gilg)

4. **Geht in den Tag hinaus**
   gesprochen von Andrea Emmel
   (S.21 von Madleine Delbrel)
   music: Wabash Cannonball; Ceolan;
   von der CD ...working hard for the craic

5. **Trucker Psalm**
   gesprochen von Stefan Hoffmann
   (S.62 von Michael Bülow)

6. **Mit Christopherus unterwegs**
   gesprochen von Andrea Emmel
   (S.29 von Andrea Emmel)
   music: Christopher Jones, Winfried Späth

7. **Der unbekannte Bekannte**
   gesprochen von Stefan Hoffmann
   (S.48-49 von Paul Schobel)

8. **Getreide wächst nicht schneller**
   gesprochen von Stefan Hoffmann
   (S.52-53 von Stefan Brux)
   music: miserlou; Sirba von der CD Sirba; Strast

9. **Unterbrechung**
   gesprochen von Andrea Emmel
   (S.25 von Dorothee Sölle)

10. **Ein guter Engel begleitet Dich**
    gesprochen von Stefan Hoffmann
    (S.42-43 von Paul Schobel)

11. **Dich schickt der Himmel**;
    Johannes Matthias Roth
    von der CD Dir nahe sein)

12. **Gucken kostet 5€**
    gesprochen von Uwe Beck (S.56-57)
    music: Planxty Irvin; Ceolan
    von der CD ...working hard for the craic

13. **Unfallkreuze am Straßenrand**
    gesprochen von Stefan Hoffmann
    (S.31 von H.-G. Orthlauf-Blooß)
    music: Christopher Jones, Winfried Späth

14. **Im Sabbatjahr**
    gesprochen von Stefan Hoffmann
    (S.15 von Erwin Helmer)

15. **Gott geht mit**
    gesprochen von Stefan Hoffmann
    (S.23 von Martin Gutl)

16. **Magnificat – Lobgesang Marias**;
    gesprochen von Andrea Emmel (S.68)

17. **Wir zurren fest**
    gesprochen von Andrea Emmel
    (S.55 von Johanna Rauer)
    music: Neubeginn; Johannes Matthias Roth
    von der CD Dir nahe sein

18. **Hoffnung auf Frieden**
    gesprochen von Stefan Hoffmann (S.45)

19. **Ein Versprechen an mich**
    gesprochen von Andrea Emmel (S.44)

20. **Dass Wunder in der Wüste geschehen**;
    Johannes Matthias Roth
    von der CD Dir nahe sein

21. **Manchmal wird es eng**
    gesprochen von Stefan Hoffmann
    (S.17 von Hans Gilg)
    music: Christopher Jones; Winfried Späth

22. **Der Tag verlöscht**
    gesprochen von Andrea Emmel
    (S.74 von Silja Walter)

23. **Psalm 23 für Vielbeschäftigte**
    gesprochen von Stefan Hoffman
    (S.72 von Toki Miyaaschina)

24. **Trucker's Segensgebet**
    gesprochen von Stefan Hoffmann
    (S.67 von Sebastian Rauer)
    music: an feochan; Ceolan
    von der CD ten Years ain't enough

25. **Gib mir Kraft für einen Tag**
    gesprochen von Andrea Emmel
    (S.60 von Edith Stein)
    music: an feochan; Ceolan
    von der CD ten Years ain't enough

26. **Segensgebet**
    gesprochen von Stefan Hoffmann
    (S.63 von Hans Gilg)
    music: All of it; Ceolan
    von der CD working hard fort the craic